# 日本語の限定詞の機能

建石　始　著

*J-C LCP*

# 日本語・日本語習得研究博士論文シリーズに寄せて

　博士学位は運転の免許に例えられることがある。一理ある考え方である。人は、運転が十分に上手になってから免許を取るのではなく、最低限の知識と技能を身につけた段階で初めて免許を取り、それから一生懸命に車を走らせて技術を上達させていくからである。

　しかし、立場を変えれば、これは盲点のある例え方だと評することもできる。なぜなら、免許の取り方と学位の取り方とではその性格に大きな開きがあるからである。免許を取る訓練の段階では、指導教官が隣の席に座って丁寧に教えてくれるが、それでも、よほど危険な状況に遭遇しない限り、運転に直接手を貸すことはない。また、免許を取得できるかどうかが決まる試験に際しては、あくまで受験者が自力のみで努力し、うまく行かなかったら、一律に不合格になる。

　一方、博士学位の場合はどうか。まず博士論文の作成においては、発想から表現まで指導教員が惜しまずに力を貸すことがある。さらによくないのは、そうしておきながら、一旦審査する段階になると、同じ教員が主査を務めてしまうことにある。このような調子だから、「手前味噌」の滑稽劇がひっきりなしに展開される。これによって、学位を取った人の一部は、学位を取った日が研究を止める日になってしまう。なぜなら、一人では研究を続けていくことができないからである。

　このような滑稽劇を根絶するためには、体制の根本的な改革が必要であり、教員の一人二人の努力だけではどうしようもない。しかし、このシリーズの企画に際しては、せめてこの風潮を助長しないように注意を払っていくつもりである。つまり、執筆候補者の選定に関して、学位申請に必要とされた「博士論文」を見るだけではなくて、学位取得から一定以上の年数が経過しても、依然として弛まず研究を続けられていることを必須条件として定めているのである。

　こうすることで、このシリーズの著者たちは、本書の背表紙に刻まれた著者名だけでなく、学会や研究会の壇上で活躍する実際の姿と、学会誌の目次や研究会のプログラムに頻出する名前とが、常に三位一体となった動的な存在であることが保証されるであろう。シリーズの刊行が学問隆盛の一助となることを切に望む次第である。

大阪府立大学　張　麟声

# 目　　次

まえがき

第 1 章　序論 …………………………………………………………　　1

第 2 章　日本語の名詞句における特定性と定性 ………………　　8

第 3 章　談話的機能の観点から見た後方照応 ………………　 25

第 4 章　名詞の特定性と事態の現実性 ………………………　 51

第 5 章　連体詞「ある」の意味・機能 ………………………　 71

第 6 章　「一＋助数詞＋の」の意味・機能 …………………　 95

第 7 章　限定詞の階層性 ………………………………………　119

第 8 章　結語 ……………………………………………………　150

参考文献 …………………………………………………………　155

例文出典 …………………………………………………………　162

あとがき …………………………………………………………　164

# まえがき

　本書は 2005 年 3 月に神戸市外国語大学大学院外国語学研究科に提出した博士論文「日本語の限定詞の機能」がもとになっている。筆者の博士論文は今から 12 年以上前に提出されたものであり，これまでなかなか書籍化できていなかったものである。

　このたび「日本語・日本語習得研究博士論文シリーズ」という企画が始まったことを良い機会として，恥を承知の上で，当時の博士論文の内容をほとんど変えることなく，書籍化させていただいた。

　ただ，それではあまりにも時代遅れの感もあるため，各章の最後に「現在の視点から」という部分を付け加えた[1]。これは 12 年以上前に提出した論文を筆者が改めて読み直してどのように感じたか，また今ならどのような分析が可能であるか，といった現在の筆者の関心に基づいて簡単な解説を加えたものである。

　当時の研究手法と現在の研究手法で最も大きく異なるのは，おそらく例文の収集方法であろう。当時はひたすら小説を読み，テーマに関係する例文が見つかれば，印をつけて付箋を貼った上でデータ化する。それが終わると再び小説に戻り，テーマに関係する例文を見つけるということの繰り返しであった。しかし，現在は大規模なコーパスが作られ，コーパスを使うための資源も整備されたので，分析に必要な例文を短時間で大量に収集することが可能となった。そのような状況の変化を受けて，新たに解説を付け加えたので，その点をご理解いただければ幸いである。

---

1　ただし，第 1 章は「序論」，第 8 章は「結語」であるため，「現在の視点から」は含まれていない。

# 第1章　序論

## 1．はじめに

　言語学において，「名詞」という名称で分類される文法的カテゴリーがある。寺村（1982）によると，名詞とは「物や人の固有の呼び名や，類につけられた名（「山，人間，桜」など）を表す語が，一定の構文的特徴を持つようになったもの」（寺村 1982:52）とされている。名詞は具体的・個別的な物や人を指示対象として持つ固有名詞や，類や集合を表す普通名詞，具体的な指示対象を持たない形式名詞など，さまざまな意味範疇に分類することが可能である。例えば，益岡・田窪（1992）では，「人名詞」「物名詞」「事態名詞」「場所名詞」「方向名詞」「時間名詞」などの範疇が立てられている。

　現代日本語文法におけるこれまでの研究を振り返ると，名詞に関する研究よりも，動詞を中心とした述語に関する研究の方が質・量共に実りの多いものになっている。名詞に関する研究は連体修飾や指示詞に関するものが大半で，それ以外はほとんど等閑視されており，主だった研究がなされていないのが現状と言えるだろう。このことは，現代日本語には名詞に関わる統語要素として「冠詞」が存在しないことが関係していると考えられる。

　英語，フランス語，スペイン語などにおいては，名詞に関わる統語要素として「冠詞」が存在している。冠詞には定冠詞，不定冠詞などがあり，名詞の指示対象によって使い分けられる。しかし，現代日本語に冠詞は存在しない。よって，名詞と名づけられているものの捉え方が言語によって大きく異なっていると言えるだろう。冠詞など，名詞に関わる統語要素を持っている言語では，日本語よりも名詞に対する捉え方がかなり敏感に言語現象に反映されると考えられる。一方，これに対応するような統語要素がない日本語は名詞に対する捉え方が言語事実として表面に出現してくるものではない。冠詞を持っている言語では，冠詞の用法や意味，機能などに関する分析がなされており，そのような意味での

名詞に関する研究が進んでいると言える。冠詞を持っている言語に比べ，日本語学ではそのような意味での名詞に関する研究は立ち後れの感があると言えるだろう。

たしかに，英語，フランス語，スペイン語などにおける名詞研究に比べ，日本語を考察の対象とする場合，研究方法を確立しにくいことは事実である。しかし，そのことが現代日本語において名詞の研究ができないという理由にはならない。例えば，坂原（2000）で英語の定冠詞句と日本語の裸名詞句との類似性が指摘されていたり，西山（2003）で日本語の名詞句に関して興味深い研究がされていたりするように，現代日本語においても，方法によっては名詞に関する研究は成立すると考えられる。

このような背景がある中で，本研究では現代日本語における名詞の指示と限定詞に関する研究を行っていく。具体的には，「特定／不特定」「定／不定」といった名詞の指示と不定を表す限定詞を取り上げる。

## 2．本研究の枠組み

ここで，本研究の枠組みとなる指示に関する概念と限定詞について少し説明を加えておく。

名詞の指示に関する概念にはさまざまなものが存在する。例えば，特定指示，不特定指示，定指示，不定指示，総称指示などがそれに該当する。このうち，本研究で考察の対象とするのは特定指示，不特定指示，定指示，不定指示の4つである。第2章で詳しく議論するが，本研究での特定指示と不特定指示は話し手の観点からの分類，定指示と不定指示は聞き手の観点からの分類となる。特定指示は話し手が当該の指示対象を唯一に同定できる場合であり，不特定指示は話し手が当該の指示対象を唯一には同定できない場合である。また，定指示は聞き手が当該の指示対象を唯一に同定できる（と話し手が想定している）場合であり，不定指示は聞き手が当該の指示対象を唯一には同定できない（と話し手が想定している）場合である[1]。特定指示，不特定指示，定指示，不定指示を十字分類する形でまとめると，次のようになる。

---

[1] 以下では，「と話し手が想定している」という部分を省略して説明を行う。

第 1 章　序論

---

**本研究での特定指示，不特定指示，定指示，不定指示**

特 定 指 示：話し手が当該の指示対象を唯一に同定できる場合
不特定指示：話し手が当該の指示対象を唯一には同定できない場合
定　指　示：聞き手が当該の指示対象を唯一に同定できる（と話し
　　　　　　手が想定している）場合
不 定 指 示：聞き手が当該の指示対象を唯一には同定できない（と
　　　　　　話し手が想定している）場合

表 1　本研究での特定指示，不特定指示，定指示，不定指示の位置づけ

| 特定性＼定性 | 定 | 不　定 |
|---|---|---|
| 特　定 | | |
| 不 特 定 | | |

　表 1 の縦軸が話し手の立場からの分類である特定指示，不特定指示の対立であり，横軸が聞き手の立場からの分類である定指示，不定指示の対立である。表 1 のように特定指示，不特定指示，定指示，不定指示を十字分類すると，4 つの領域に分けることができる[2]。この 4 つの領域に

---

2　話し手の観点からの分類である特定性と聞き手の観点からの分類である定性を区別し，十字分類することにはいくつかの理由がある。詳しくは後の章で議論するが，まず，特定かつ不定の領域を取り出すことができることが挙げられる。特定かつ不定の領域を取り出すことによって，前方照応に比べると議論が少なかったコ系の指示詞による後方照応を談話的機能の観点から分析できる。次に，特定性の違いがどのように言語現象に反映されるのかを理解することができることが挙げられる。具体的には，特定かつ不定の領域と不特定かつ不定の領域との違いを把握できるということである。それによって，特定かつ不定の領域では聞き手にどのように情報を伝えるかが問題になるのに対して，不特定かつ不定の領域ではそれが問題にならないことが分かる。さらに，ある形式が特定かつ不定の領域と不特定かつ不定の領域にまたがっている場合，それらの関係を理解できることが挙げられる。これは不定を表す連体詞「ある」の意味・機能や「一＋助数詞＋の」の意味・機能

該当する代表的な表現を示したものが次の表2である。

表2　4つの領域に当てはまる表現[3]

| 定性 \ 特定性 | 定 | 不　定 |
|---|---|---|
| 特　定 | 固　有　名　詞<br>前方照応に使用される指示詞 | 後方照応に使用される指示詞<br>「一＋助数詞＋の」・連体詞「ある」 |
| 不 特 定 | ア系の指示詞<br>（疑問文の場合） | 「一＋助数詞＋の」・連体詞「ある」<br>不　定　名　詞 |

　これらの中で，本研究で考察の対象となるのは不定を表す限定詞である。具体的には，後方照応に使用されるコ系の指示詞，「一＋助数詞＋の」，連体詞「ある」，不定名詞[4]である。先に示した定の領域に属する固有名詞や指示詞などに関する研究は，これまでの研究の中で，質・量共に豊富なものとなっている[5]。しかし，不定の領域に属する形式については，管見の限りでは，ほとんど研究されてこなかったのが現状である。よって，不定の限定詞を研究することによって，これまであまり研究されることがなく，問題にならなかった部分に光を当てることが可能となる。

## 3．本研究の意義と狙い

　たしかに現代日本語には英語，フランス語，スペイン語などのように，名詞に関わる統語要素としての冠詞は存在しない。しかし，統語要素としての冠詞が存在しないことが冠詞が果たす役割までも存在しないこと

───────────
を探る際に有効となる。
3　限定する形式がついていない裸名詞はこの4つの領域の全てに属すると考えられる。
4　厳密に言うと，不定名詞は限定詞ではないが，本研究で考察の対象となるため，このような位置づけを行った。
5　特に，指示詞に関しては，日本語でも「こ」「そ」「あ」の使い分けなど，膨大な量の研究があることを付け加えておく。

を意味するわけではない。日本語には統語要素としての冠詞が存在しない代わりに，冠詞に似た役割を果たす形式が数多く存在する。上記の枠組みを作ることによって，冠詞に似た役割を果たすと考えられるコ系の指示詞，連体詞「ある」，「一＋助数詞＋の」などについての研究が可能となり，現代日本語でも名詞に関する研究を行うことが可能となる。また，それらの形式を手がかりにすることによって，英語の名詞に関する研究とは違った日本語独自の興味深い研究ができる。そして，これまでほとんど等閑視されてきた分野に関して，新たな観点から分析を行うことが可能となり，今後，新たな研究分野を開拓することも可能となる。

　本研究は１つの理論によって言語現象の分析を進めるのではなく，言語現象を子細に観察，記述することによって分析を進める。この立場を選択することは，現代日本語文法において名詞に関する研究の量が少ないことと関係がある。先にも述べたように，これまでのところ，現代日本語における名詞に関する研究の量は必ずしも多いとは言えず，名詞に関する現象の指摘や記述もそれほど多くない。そこで，まず言語現象を正確に記述し，その後理論的な位置づけを行いたいという考えがある。

　また，本研究は談話や文脈という観点を重視する。これまでの名詞の指示に関する研究は，意味論的な観点で扱われることがほとんどであった。しかし，談話や文脈という観点を重視し，語用論的な観点や談話的な観点から分析を加えることによって，構造，意味，文脈を１つのものとして捉えることが可能となる。つまり，意味論的な概念である特定性や定性に語用論的な観点や談話的な観点を加えることによって，文法論から語用論への流れが見えてくるのである。

　以上のように，数多くの言語現象を正確に記述すること，談話や文脈という観点を重視することによって，ある形式が本来持っている語彙的意味が構造的意味や談話的機能へと派生していく様子を浮かび上がらせることができるのではないだろうか。本研究で取り上げる限定詞は，どちらかと言えば，意味よりも機能が問題になるものである。しかし，それらの用法を探っていくと，語彙的意味がかなり強く残っているものから，談話的機能が色濃く現れるものまでさまざまなものが存在する。そ

こで，数多くの言語現象を正確，かつ子細に観察，記述し，談話や文脈という観点を重視することによって，それぞれの限定詞が持っているさまざまな用法を理解することができるだけでなく，各用法間のつながりも捉えられるのである。

## 4．本研究の構成

ここで本研究の構成を述べておく。

本研究は 3 つの柱とでも呼ぶべき部分で構成されており，合計 8 章となっている。

1 つ目の柱は第 2 章から第 4 章までで，「特定／不特定」「定／不定」といった名詞の指示に関する議論を行う。第 2 章では，本研究の枠組みとなる指示に関する研究を概観し，特定性，定性の規定を行う。第 3 章では，コ系の指示詞による後方照応を取り上げ，これまでの研究ではあまり触れられることのなかった「聞き手に注目させる」という談話的機能の観点から分析を進める。コ系の指示詞による後方照応の談話的機能，コ系の指示詞の機能，コ系の指示詞による後方照応の成立条件，後方照応先の情報の性質と主題化との関係といったことを分析する。第 4 章では，定性では共通するが，特定性では異なりを見せる「ある＋名詞」と不定名詞を取り上げ，名詞の特定性と事態の現実性との関係を論じる。

2 つ目の柱は第 5 章と第 6 章で，不定を表す限定詞の意味・機能を考察する。第 5 章では，不定の連体詞「ある」を取り上げ，用法記述を行う。その後，各用法間のつながりを連体詞「ある」の意味・機能を考慮に入れながら分析する。第 6 章では，不定を表す「一＋助数詞＋の」を取り上げ，他の数量詞と「一＋助数詞＋の」との違いを指摘する。また，「一＋助数詞＋の」が生じる位置と用法との関係を指摘する。さらに，各用法間のつながりを「一＋助数詞＋の」の意味・機能を考慮に入れながら分析する。

3 つ目の柱となる部分は，第 5 章，第 6 章で行ったことを発展させた第 7 章である。この章では，まず第 5 章，第 6 章で指摘した連体詞「ある」と「一＋助数詞＋の」の用法のうち，両方の形式に存在する用法を考察

の対象とする。具体的には，変項を表す用法と聞き手に注目させる用法を考察の対象とする。変項を表す用法では，連体詞「ある」と「一＋助数詞＋の」が共起する際の語順を手がかりにして，限定詞の限定の強さについて考察する。聞き手に注目させる用法では，連体詞「ある」と「一＋助数詞＋の」だけでなく，後方照応に使用される「こんな」も考察の対象に加えて，限定詞の階層性について分析を進める。3つの形式が共起する際の語順，名詞の制約，聞き手に注目させたい情報の位置，聞き手に注目させたい情報の性質の違いから，3つの限定詞が階層的に捉えられることを主張する。さらに，それらの3つの形式が「聞き手に注目させる」という談話的機能を生じさせる理由についても分析し，それぞれの形式の限定の強さについても考察を行う。

第8章は全体のまとめとなる。

最後に本研究で使用する記号について説明しておく。

＊は非文法的と判断されるもの，？は非文法的とまでは言えないもの，許容度がやや下がるもの，??は？よりもさらに許容度が下がるもの，＃は当該の文脈では解釈できないものを表す。また，例文の中で複数の形式が〔 〕で示されている場合，一番左のものが実例を示している。

# 第2章　日本語の名詞句における特定性と定性

## 1．はじめに

　第1章でも述べたように，本研究では現代日本語における名詞の指示，および限定に関する研究を行う。本章では，第3章以下の議論の大枠となる指示に関する議論を行う。具体的には，「特定／不特定」，「定／不定」という指示に関する概念が日本語の名詞にどのように反映されるのかを主に意味論的観点から見ていく。

## 2．特定性について

　本節では，名詞の指示に関する概念として特定性を取り上げる。現代日本語におけるこれまでの研究では，特定性という概念はそれほど議論されてこなかった。ここでは特定性との関係でよく取り上げられる概念として，「透明な文脈（transparent context）」と「不透明な文脈（opaque context）」，「指示的用法（referential use）」と「属性的用法（attributive use）」，話し手の知識に基づくものという3つを取り上げる。

### 2．1　透明な文脈（transparent context）と不透明な文脈（opaque context）

　名詞の特定性との関係でよく取り上げられる概念として，「透明な文脈（transparent context）」と「不透明な文脈（opaque context）」というものがある。「透明な文脈」と「不透明な文脈」は形式意味論などで使用される概念で，量化詞同士の作用域の違いからある文の解釈に変化が生じることを言う。例えば，次の（1）には2通りの解釈が存在する。

　　（1）ジョンは警察官が一人メアリーにキスしたと信じている。

　（1）の1つの解釈は現実世界に一人警察官がいて，その人物についてジョンはメアリーにキスしたという信念を持っているというものである。この場合，透明な文脈と呼ばれる。（1）のもう1つの解釈は警察官の存在はジョンの信念の世界において想定されており，現実世界に警

察官が存在しているわけではないというものである。これは不透明な文脈と呼ばれる。この2通りの解釈を論理式を使用して示すと次のようになる。

（2）a. $\exists x$ [policeman（x）& believe（j, [kiss（x, m)])]

b. believe（j, [$\exists x$ [policeman（x & kiss（x, m))]])

（2a）の場合, 存在量化詞が広いスコープをとっているので, 現実世界に一人警察官が存在することが保証される。これに対して,（2b）ではbelieveという動詞のほうが広いスコープをとっている。この場合, 現実世界に警察官の存在が保証されず, 警察官の存在はジョンの信念世界において想定される。

同様の例をもう一つ挙げておく。

（3）ジョンは<u>言語学者</u>を一人雇いたいと思っている。

（4）a. $\exists x$ [linguist（x）& want（j, [hire（j, x)])]

b. want（j, $\exists x$ [linguist（x）& hire（j, x)])

（3）の場合でも, 現実世界に一人の言語学者がいて, ジョンはその人物を雇いたいと思っているという解釈とジョンは言語学者であれば誰でもいいから一人雇いたいと思っているという解釈がある。

透明な文脈と不透明な文脈では, 同一指示の別の表現に置き換えられるかどうかという点でも違いが生じる。

（5）a. ジョンは<u>警察官</u>がメアリーにキスしたと信じている。

b. ジョンは<u>山田さん</u>がメアリーにキスしたと信じている。

透明な文脈の場合, 警察官の名前が山田さんなら,「警察官」という名詞句を「山田さん」と置き換えても真理値に影響はない。つまり, 同一指示を行うものなら自由に置き換えられるということになる。これに対して, 不透明な文脈の場合, そのような置き換えはできない。なぜなら, 山田さんが警察官であることをジョンが知らない場合や別の人が警察官だと思っている場合があり得るからである。

透明な文脈と不透明な文脈が問題になるのは, 述語の種類が関係している。例えば,「思う・信じる・願う・期待する・探す」といった信念や思考を表す動詞が不透明な文脈を引き起こすとされる。

## ２．２　指示的用法（referential use）と属性的用法（attributive use）

名詞の特定性との関係でよく取り上げられる概念に「指示的用法（referential use)」と「属性的用法（attributive use)」という対立がある。これは Donnellan（1966）によって提唱された概念であるが，それによると，確定記述（definite description）には指示的用法と属性的用法の両方があるという主張がされている。

確定記述とは元々は Russel が導入した用語であり，英語では "the present king of France" や "Smith's murderer" のような定記述表現のことを指す。Donnellan（1966）で指摘されているように，確定記述に指示的用法と属性的用法の両方があることを次の例から確認する。

（6）Smith's murderer is insane.

（6）の名詞句には指示的用法と属性的用法の両方の解釈が存在する。指示的用法では，話し手がある特定の指示対象を念頭に置いて，その人物のことを "Smith's murderer" という確定記述を使用して表している。指示的用法では，"Smith's murderer" という確定記述は話し手が指示しようとした指示対象を聞き手にも理解できるようにするための手段として機能しているにすぎず，記述句の意味内容そのものは本質的ではない。よって，その人物が分かっていれば，"Smith's murderer" の代わりに "Tom" や "that guy" などを使用しても，実質的には同じ主張がされる。

これに対して，属性的用法では，ある特定の人物のことを念頭に置いて述べるのではなく，例えば，スミスの父親が殺人現場に遭遇し，スミスがあまりにもひどい殺され方をしていたのを知って，「スミスをこのように殺した人は誰であれ，精神異常者だ」と主張しているのである。属性的用法の場合，記述に当てはまる人や物について述べているので，確定記述の意味内容が本質的となる。よって，"Smith's murderer" の代わりに "Tom" や "that guy" などを使用することができないという違いがある。２．１で観察した透明な文脈と不透明な文脈が述語の種類によるものであったのに対して，指示的用法と属性的用法は述語の種類によるものではないという違いがある。

## 2.3　話し手の知識状態に基づいたもの

　名詞の特定性として，最も一般的に用いられるのが話し手の知識状態
に基づいた規定である。つまり，話し手が当該の指示対象を唯一に同定
することができれば特定指示，唯一に同定することができなければ不特
定指示とするものである。

　石田（2002）では，定性との違いを考慮に入れながら，特定性につい
て次のような記述を行っている[1]。

> 「特定性という用語はきちんと定義した上で使われることがあ
> まりないため，しばしば定性という用語と混同されがちですが，
> 本書では両者を区別する立場を採りたいと思います。その上で，
> 『特定性』とは問題となっている名詞が具体的に指し示してい
> る対象を話者が頭に思い浮かべているかどうかを表す概念のこ
> とであると定義することにしましょう。」（石田 2002:178）
> 「特定的かどうかということは話者自身にとっての関心事であ
> り，聞き手が指示対象をどうとらえているかという問題とはま
> ったく関係がないという点で，前章で扱った定性とは大きく異
> なるものです。」（同上）

　石田（2002）は特定性ということに関して，話し手の立場からの分類
を行っている。

　　（7）Here's the shop I was telling you about[2].

　　（8）Here's a summer soup that is almost a meal in itself.

　（7）（8）のような英語の定冠詞 the と不定冠詞 a の使い分けが聞き
手がその指示対象を唯一的に同定できるかどうかに基づいているのに対
して，特定性に関しては（7）の the も（8）の a も同じであると指摘
している。定冠詞と不定冠詞は聞き手が指示対象を唯一的に同定できる
かどうかで完全に対立するが，特定的な存在を指示しているかどうかと
いう点では，定冠詞を伴っていても，不定冠詞を伴っていても特に違い

---

1　詳細は3．1．2で述べるが，石田（2002）では，話し手による聞き手の知識に基づいて
定性が規定されている。
2　例文番号は本稿の通し番号に統一する。以下，同じである。

がない。特定的かどうかは話し手が聞き手との間で共有している知識を考慮に入れるわけではないからである[3]。

また，英語の特定性は次の文の違いに現れる。

（9）I have an old guitar.

（10）I want a new guitar.

（9）の場合，ある具体的な「古いギター」が存在しており，話し手はそれを所有していることを述べている。（9）では特定的な読みのみが可能となるのに対して，（10）の場合，特定的な読みとそうではない読みの両方が可能となる。特定的な読みでは，ある楽器店に飾ってある特定の「ギター」の存在を前提にした上での発話と考えられる。特定的ではない読みでは，「どのギターにするかは決まっていないが，とにかく新しいギターが欲しい」という場合である。

石田（2002）では，このような曖昧性が生じる理由として，want などの不確定性と呼ばれる性質を持った動詞の影響が挙げられている。また，特定性に関する1つの傾向として，過去時制の動詞の場合，特定的な意味になる場合が多いことも指摘されている。

田中（1981）にも特定指示と不特定指示についての記述が見られる。

（11）わたしは娘をあずかった。

（12）新しい家ができたら，犬が飼いたいわね。

（11）は誘拐通告状が親のところに送られてきたという状況である。この場合の「娘」は誘拐通告状が送られてきた家の娘を指示しており，特定指示を行うとされる。（12）の「犬」はある特定の犬を指すのではなく，「犬とよばれるもののうちの一匹」という意味で使用されている[4]。その意味において，(12)の「犬」は不特定指示を行うとされる。また，「ある男」や「一人の男」は不特定指示と考えられやすいが，実際には特定的に使われることが多い，という指摘もある。

（13）きのう銀座である男に会った。

---

3　石田（2002）に，特定性については一種の常識が働くためか，言語間に見られる差異の影響をあまり強く受けず，特定性を正しく解釈することは，日本人の英語学習者にとっても困難ではないという記述もある。

4　もちろん，ある特定の「犬」を指示することも可能である。

第 2 章　日本語の名詞句における特定性と定性

　（14）きのう銀座で一人の女性に会った。

　これらの文の発話者は頭の中に特定の男，あるいは女性を考えている
はずである。以上のことから，田中（1981）でも特定指示と不特定指示
に関して話し手の立場から分類が行われていることが分かる[5]。

## 3.　定性について

　本節では，名詞の指示に関する概念として定性を取り上げる。まず，
英語で定性がどのように扱われてきたのかを概観し，その後，日本語で
の議論も取り上げる。日本語では，特定性に比べて，定性についてはこ
れまでの研究の中でも多少は議論されている。ここではその1つである
金水（1986b）を取り上げる。

## 3.1　英語における定性

### 3.1.1　池内（1985）

　英語では定冠詞，不定冠詞という冠詞の存在が大きい。そのため，英
語における定性とは冠詞の機能ということが議論の中心となってきた。
本節では，まず池内（1985）を取り上げる。

　池内（1985）では，英語の定冠詞の用法として，前方照応の用法が取
り上げられている。

　（15）John ordered a book and the book has just arrived.

　（15）のような前方照応の用法では，同一の名詞が談話の中で前に出
ており，the ＋名詞は前方照応的に言及するという特徴を持つ。この用
法では，話し手と聞き手の両方が話題の中にあるものを知っている。

　次に，英語の定冠詞には外界照応の用法もある。

　（16）a. Pass me the book.

　　　　b. Don't go in there, chum. The dog will bite you.

─────────
5　特定性に関しては，指示そのものを扱ったものではないが，連体詞「ある」との関係で
松本（1999b）が言及を行っている。それによると，「特定／不特定」は「話し手」を中心
とした区分であることが指摘されている。

13

（16）のような外界照応の用法では，the ＋名詞の指示対象を同定すべき話し手，聞き手に共有の知識が文脈ではなく，発話の場面や周囲の状況，話し手と聞き手を取り巻く環境によって形成されている。その中には，（16a）のように話し手，聞き手の両方のその指示対象が見えている場合もあれば，（16b）のように必ずしもそうでない場合もある。

　さらに，後方照応の用法も存在する。

　（17）What's wrong with Bill? Oh, the woman he went out with last night was nasty to him.

　（17）のような後方照応の用法では，先行する言語文脈なしに the ＋名詞が使用される。この用法は前方照応の用法や外界照応の用法と異なり，先に the ＋名詞で示され，後に何らかの限定が加えられるものである。

　定冠詞には総称的な読みを持つ用法も存在する。

　（18）The tiger is a dangerous animal.

　総称的な読みを持つ用法では，the ＋単数可算名詞は種類全体を 1 つの類・タイプとして捉え，それについて叙述すると解釈される。通常その存在が前提とされている。

　定冠詞にはその他にも，（19a）のように国民などを表す場合，（19b）のように「the ＋形容詞」が抽象名詞を表す場合，（19c）のように「the ＋普通名詞」が抽象名詞を表す場合，（19d）のように単位を表す場合などがある。

　（19）a. The English drink beer in pubs.

　　　　b. The beautiful is higher than the good.

　　　　c. He forgot the judge in the father.

　　　　d. I hired a car by the hour.

　次に，不定冠詞について述べる。池内（1985）によると，不定冠詞の基本的な用法は非照応的で排除的である点とされている。定冠詞の場合は，話し手と聞き手が共有する知識集合の中に対応する指示物が存在し，同定される。不定冠詞の場合はそれに対応する指示物が存在するわけではない。

　（20）Some students were standing outside the factory gate. Bill kept his eye on them. After a little while a student came up to him and asked him his name.

（20）の最も自然な解釈では，a student は some students の中の一人を指すことにはならない。つまり，a student の指示対象は some students を含む共有知識の集合には割り当てられないのである[6]。

また，不定冠詞を含む名詞句の指示対象は，話し手，聞き手に共有する知識集合の中の関連するものの全ての真部分集合でなければならないという特徴を持つと指摘されている。

（21）a. Mary and I went to a wedding on Saturday. I was talking to a bridesmaid about it afterwards.

b. Mary and I went to a wedding on Saturday. I was talking to a bride about it afterwards.

（21a）の a bridesmaid はメアリーと私が出席した結婚式の新婦付き添いの女性になり得るが，（21b）の a bride はその結婚式の花嫁にはなり得ない。結婚式には何人かの付き添いの女性がいるのに対して，花嫁は一人だけである。よって，a bridesmaid の指示対象は話し手と聞き手の共有知識にある bridesmaids の真部分集合に当たり，排除的に指示していると言えるが，bride は一人しかおらず，排除的に指示しているとは言えない。

次の例も不定冠詞の排除性と関係している。

（22）Pass me a box.

話し手と聞き手の周りにいくつかの箱がある時，（22）を使用するとその中の1つを指示することは可能であるが，周りに箱が1つしかない時，（22）を使用してその箱を指示することはできない。これは不定冠詞が排除的に指示することの裏づけとなる。

---

6　ただし，文脈や場面によっては不定冠詞も照応的に使用されることもある。池内（1985）でも，（20）の後に（i）が続くと a student が some students のうちのある一人を指すと指摘されている。

　（i）This student had left his group of companions outside the factory gate in order to check that Bill was not a journalist.

　しかし，不定冠詞の場合，その指示物が話し手と聞き手の共有する知識集合の中に存在したとしても，明確に同定できるわけではない。

また，不定冠詞のその他の用法として，（23）のように総称的に使用
される場合，（24）のように固有名詞に使用される場合なども存在する。

　　（23）A tiger is a dangerous animal.

　　（24）That boy will be an Edison in the future.


## ３．１．２　石田（2002）

　石田（2002）では，定冠詞と不定冠詞の使い分けが考察されている。
その際に，定性について次のように述べている。

　　「本書の言う定性とは，話者が絶えず聞き手との間で共有して
　　いる知識（その中には，場面や文脈も含まれます）を参照する
　　ことによって，名詞の指示対象がそれ以外の何物でもないと言
　　えるほど，どれを指しているのか聞き手にはわかっているはず
　　だと話者が判断しているかどうかを表す概念を意味していま
　　す。」（石田 2002:111-112）

　石田（2002）はこのことを簡単にまとめて，定と不定を次のように規
定している。

---

### 石田（2002）による定性

　　定：聞き手が指示対象を唯一的に同定しているにちがいないと話
　　　　者が考えている場合

　　不定：聞き手が指示対象を唯一的に同定しているとは話者が考えて
　　　　いない場合

---

　石田（2002）によると，定は聞き手が当該の指示対象を唯一に同定で
きると話し手が想定している場合，不定はそのような同定が可能ではな
いと話し手が想定している場合となる。このことを次のような例文を取
り上げて説明している。

　　（25）Did you know that you have *the mud / mud on your coat?

　（25）では定冠詞を伴ったものが非文法的となっている。これは mud
の指示対象を聞き手が知っているかどうかを質問した文の中で，the と

いう聞き手が知っていることを話し手が想定したものを使用するのは論理的に矛盾するからである。

　また，石田（2002）は上記のような「定／不定」の規定に基づいて，定冠詞の用法を説明している[7]。しかし，不定冠詞の用法については，あまりまとまった記述がなされていない。

## 3.2　金水（1986b）

　特定性とは異なり，定性は現代日本語文法の中でも比較的，議論されている。その中の1つである金水（1986b）は名詞の指示について，定指示，不定指示，総称指示という3つに分類している。定指示と不定指示は名詞句が示す集合の一部分の要素を指示し，総称指示は集合の全ての要素を指示するという違いがある。また，定指示と不定指示については，定指示とは「指示対象である個体を「聞き手」が既に「知っている」場合」（金水 1986b:604）であり，不定指示とは「そうではない場合」（金水 1986b:604），と規定されている。

　この金水（1986b）の「定／不定」の概念は，英語の「a」「the」の使い分けに完全に一致するわけではない。例えば，（26）の「the church」は英語では定冠詞が使用されているが，不定指示となることが指摘されている。

　　（26）I go to <u>the church</u> every Sunday.

## 4．本研究での特定性と定性

　3節までの議論を踏まえた上で，本節では，本研究で使用する特定性，定性の規定を行う。また，本研究での特定性，定性に基づいて，どのような限定詞を扱うのかについても触れる。

---

7　具体的には，定冠詞の用法を大きく，外界照応的用法，前方照応的用法，後方照応的用法と分けている。外界照応的用法はさらに，人類全体が共有している一般的知識に基づくもの，特定の共同体や国民が共有している一般的知識，ある特定の場面に当てはまる個人的・背景的知識に基づくものという3つに分けられる。また，前方照応的用法は同一語による前方照応，同義語による前方照応，連想による前方照応，その他の前方照応という4つに，後方照応的用法は，唯一的形容詞，序数詞，最上級，前置詞句，to不定詞，関係詞節が使われる場合に分けられる。

## 4.1 本研究での特定性

本研究での特定性を規定するにあたり,「透明な文脈」と「不透明な文脈」,「指示的用法」と「属性的用法」の立場はとらずに,より一般的に使用されている話し手の立場からの分類をとる。「透明な文脈」と「不透明な文脈」のように述語の種類に関係させたり,「指示的用法」と「属性的用法」のように対象を確定記述だけに限定させたりするのではなく,さまざまな種類の述語や名詞句にまで範囲を広げて議論を行うことによって,数多くの言語現象を射程に入れることができるからである。

本研究での特定性は次の通りである。

---

**本研究での特定性**

　特 定 指 示：話し手が当該の指示対象を唯一に同定することができ
　　　　　　　　る場合

　不特定指示：話し手が当該の指示対象を唯一には同定することがで
　　　　　　　　きない場合

---

話し手が当該の指示対象を唯一に同定することができれば,その名詞句は特定指示となり,話し手が当該の指示対象を唯一に同定することができなければ,その名詞句は不特定指示となるという位置づけを行う[8]。

## 4.2 本研究での定性

英語の冠詞に関する研究と日本語の定指示に関する研究のいずれにも,聞き手の存在が関与している。ここから,定性は聞き手との関係が強い概念であることが分かる。よって,本研究での定性も聞き手の立場を重視したものとする。

---

8　福田嘉一郎先生から,不特定指示には「自分はできない」,あるいは「将来できる」という未特定の場合と,「どれでもいいけどどれか」という非特定の場合の両方があるのではないかというご指摘をいただいた。この点については,今後時間をかけて検討しなければならない。

第2章 日本語の名詞句における特定性と定性

**本研究での定性**

　　定 指 示：聞き手が当該の指示対象を唯一に同定することができる
　　　　　　　（と話し手が想定している）場合
　　不定指示：聞き手が当該の指示対象を唯一には同定することができ
　　　　　　　ない（と話し手が想定している）場合

　聞き手が当該の指示対象を唯一に同定することができれば（と話し手が想定していれば），その名詞句は定指示となり，唯一に同定することができなければ（と話し手が想定していれば），不定指示となるという位置づけを採用する。ただし，聞き手が当該の指示対象を唯一に同定できるかどうかを話し手は完全な形で把握することはできない。よって，聞き手の立場を重視するものの，聞き手の知識状態を話し手が想定しているということも付け加えておく。

## 4.3　本研究で扱う限定詞

　本研究では，特定性は話し手の観点からの分類，定性は聞き手の観点からの分類と規定した。これを十字分類した形で組み合わせると，次のようになる。

表Ⅰ　特定性と定性の図

| 特定性 ＼ 定性 | 定 | 不　定 |
|---|---|---|
| 特　　定 | | |
| 不 特 定 | | |

19

表1の縦軸が話し手の立場からの分類である特定指示，不特定指示の対立であり，横軸が聞き手の立場からの分類である定指示，不定指示の対立である。表1のように特定指示，不特定指示，定指示，不定指示を十字分類すると，4つの領域に分けることができる。話し手も聞き手も当該の指示対象を同定できる「特定－定」の領域，話し手は当該の指示対象を同定できるが聞き手は同定できない「特定－不定」の領域，話し手は当該の指示対象を同定できないが聞き手は同定できる「不特定－定」の領域，話し手も聞き手も当該の指示対象を同定できない「不特定－不定」の領域という4つである。この4つの領域に該当する代表的な表現を示したものが次の表2である。

**表2　4つの領域に当てはまる表現[9]**

| 特定性＼定性 | 定 | 不　定 |
|---|---|---|
| 特　定 | 固有名詞<br>前方照応に使用される指示詞 | 後方照応に使用される指示詞<br>「一＋助数詞＋の」・連体詞「ある」 |
| 不特定 | ア系の指示詞<br>（疑問文の場合） | 「一＋助数詞＋の」・連体詞「ある」<br>不定名詞 |

具体例を示すと，次のようになる。
　(27) a.　A：昨日，久しぶりに高校時代に同じクラスだった山本に
　　　　　　会ったけど，あいつ，かなり変わっていたな。少し見
　　　　　　ただけでは分からないよ。
　　　　B：へえー，そうなの。どんな風に変わっていたのか見た
　　　　　　かったよ。
　　　b.　私には忘れられない恩師がいる。その恩師は自分の人生を
　　　　　変えた人でもある。

---

9　限定する形式がついていない裸名詞はこの4つの領域の全てに属すると考えられる。

第 2 章　日本語の名詞句における特定性と定性

(28) a. あれから数日間考えて，<u>こんな結論</u>が出ました。僕は研究
　　　　を辞めます。僕には才能がないし，続けていても仕方あり
　　　　ません。

　　 b. 昨日<u>一人の学生</u>から質問を受けました。それは山田花子さ
　　　　んです。彼女は学内でも熱心なことで有名ですからね。

　　 c. Ａ：その夜のニュースは，<u>あるショッキングな事件</u>を報道
　　　　　　したんだよ。どんな事件だと思う？
　　　　Ｂ：分からないな。
　　　　Ａ：実は「ゴミ収集所で十億円見付かる」っていうニュー
　　　　　　スだったんだよ。誰が落としたんだろうね。

(29) a. Ａ：ほらっ，<u>あの人</u>，よくドラマに出ている俳優。渋い，
　　　　　　二枚目の。誰？ [10]
　　　　Ｂ：それって，田村正和のこと。
　　　　Ａ：そう，田村正和。私，あの人が好きなのよね。

　　 b. Ａ：<u>去年の高校野球で優勝した高校</u>はどこ？
　　　　Ｂ：それは駒大苫小牧高校だよ。

(30) a. 「十」さんだけでなく，一般に難読姓事典を見ると，<u>二つ
　　　　の珍しい名字</u>に対して，実にたくさんの読みがふられてい
　　　　ます。

　　 b. このコーナーでは毎回<u>ある人</u>を取り上げて，その人物の生
　　　　涯に詳しく迫ります。

　　 c. このグラウンドは 1 周が 400 メートルあります。つまり，
　　　　例えば<u>誰か</u>が 5 周走ったとすると 2 キロ走ったことになる
　　　　わけです。

　(27) は「特定－定」の領域の例である。話し手，聞き手のいずれも
が指示対象を唯一に同定でき，固有名詞や前方照応の指示詞が使用され
ている [11]。(28) は「特定－不定」の領域の例である。話し手は当該の指

---

10　このような例は，野田尚史先生からご教示をいただいたものである。
11　ただし，固有名詞が「という」や「って」という形式と共に使用されると，「特定－不定」
の領域に属するものとなる。
　(ⅰ) Ａ：私の友人に<u>田中 {という／って} 人</u>がいます。その人は働かないし，よく

21

示対象を唯一に同定できるが聞き手は同定できない。そのため，先に「こんな」や「一＋助数詞＋の」，連体詞「ある」を使用して当該の指示対象を談話内に導入し，その後の文脈で具体的な内容を明らかにしている。(29) は「不特定－定」の領域の例である。(29a) では話し手は当該の指示対象を唯一には同定できないが聞き手は唯一に同定できるため，聞き手がその指示対象を知っていることを前提としてア系の指示詞が使用されている。また，(29b) では疑問文が使用されており，「去年の高校野球で優勝した高校」は話し手は同定できないが聞き手は同定できる対象となっている。(30) は「不特定－不定」の領域の例である。いずれも例も話し手，聞き手のいずれもが当該の指示対象を唯一には同定できないものである。

　これらの中で，本研究で考察の対象となるのは不定を表す限定詞である。具体的には，後方照応に使用されるコ系の指示詞，「一＋助数詞＋の」，連体詞「ある」，不定名詞 [12] である。先に示した定の領域に属する固有名詞や指示詞などに関する研究は，これまでの研究の中で，質・量共に豊富なものとなっている [13]。しかし，不定の領域に属する形式については，管見の限りではほとんど研究されてこなかった。よって，不定の限定詞を研究することによって，これまであまり研究されることがなく，問題にならなかった部分に光を当てることが可能となる。

　また，話し手の観点からの分類である特定性と聞き手の観点からの分類である定性を区別し，十字分類することにもいくつかの理由がある。詳細については第3章以下で議論を行うが，特定かつ不定の領域を取り出すことができることが挙げられる。特定かつ不定の領域を取り出すことによって，前方照応に比べると議論が少なかったコ系の指示詞による後方照応を談話的機能の観点から分析できる。また，特定性の違いがど

---

　　　　　お酒を飲むし，どうしようもない人なんです。ただ，ユーモアだけは
　　　　　一流なんですけどね。
　　　　B：面白そうな人ですね。その人に一度会ってみたいもんです。

12　厳密に言うと，不定名詞は限定詞ではないが，本研究で考察の対象となるため，このような位置づけを行った。

13　特に，指示詞に関しては，日本語でも「こ」「そ」「あ」の使い分けなど，膨大な量の研究があることを付け加えておく。

のように言語現象に反映されるのかを理解することができることが挙げられる。具体的には，特定かつ不定の領域と不特定かつ不定の領域との違いを把握できるということである。それによって，特定かつ不定の領域では聞き手にどのように情報を伝えるかが問題になるのに対して，不特定かつ不定の領域ではそれが問題にならないことが分かる。さらに，ある形式が特定かつ不定の領域と不特定かつ不定の領域にまたがっている場合，それらの関係を理解しやすくなることが挙げられる。これは不定を表す連体詞「ある」の各用法間のつながりや「一＋助数詞＋の」の各用法間のつながりを考察する際に有効となるものである。

## 5．まとめ

　本章では，第3章以降の議論の枠組みとなる名詞の指示に関する概念を取り上げ，本研究で使用する特定性，定性という概念を規定した。これまでの研究では，特定性はそれほど明確には規定されてこなかったこと，定性は英語など冠詞が存在する言語では，冠詞の機能という観点から分析が進んできたことを提示した。また，本研究で使用する特定性は話し手の立場からの分類，定性は聞き手の立場からの分類という規定を行った。

　以下では，これらの概念を援用して，日本語の限定詞について考察を進める。

## 現在の視点から

　名詞の研究について，以前から指示詞に関する研究や連体修飾の研究は盛んに行われており，近年は指示的名詞句・非指示的名詞句といった指示性に関する研究などもかなりの飛躍を遂げている[14]。しかし，特定指示・不特定指示，定指示・不定指示という概念を用いた研究はそれほど進んでいないのが現状である。また，本章で取り上げた特定指示・不特定指示と定指示・不定指示を組み合わせて，十字分類したものは存在しないので，現在でもこのような考え方はほとんど研究されていないと言える[15]。

　このことには，やはり日本語に特定指示・不特定指示，定指示・不定指示を表す形式がないことが大きく関係している。今後は特定指示・不特定指示の定義，定指示・不定指示の定義も含めて，もう一度検討を行い，日本語の指示に関する研究を進める必要がある。

---

14　その他にも，福田嘉一郎・建石始編（2016）『名詞類の文法』の各章のような研究も存在する。

15　名詞研究に用いられる概念の詳細は福田嘉一郎（2016）「主題に現れうる名詞の指示特性と名詞述語文の解釈」（福田・建石編（2016）に所収）に詳しく書かれている。ただし，本研究での捉え方は少し異なっていることも付け加えておく。

# 第3章　談話的機能の観点から見た後方照応

## 1．はじめに

　第2章で規定した特定性，定性という概念をもとにして，本章からは具体的な分析に入っていく。まず，本章では特定かつ不定の名詞句に関する現象として，コ系の指示詞による後方照応を談話的機能の観点から分析する。特定かつ不定の名詞句とは，話し手は唯一に同定できるが聞き手は同定できない名詞句という位置づけになる。本章でこのような名詞句を扱うのは2つの理由がある。

　1つ目は，話し手が唯一に同定でき聞き手が同定できない名詞句を，談話内にどのように導入するのかという問題である。それにはさまざまな方法がある。例えば，裸名詞の形で導入することもできれば，不定を表す連体詞「ある」や「一つの」「一人の」といった「一＋助数詞＋の」を名詞句の前に付けて導入することも可能である。さらには，名詞句に「という」や「って」という形式を付けて導入することもできる。さまざまな方法がある中で，コ系の指示詞を使用し，後方照応という形で導入するのにはどのような意図があるのだろうか。本章では，話し手がどのような意図で後方照応を使用して，特定かつ不定の名詞句を談話内に導入するのかについて考察を行う。

　2つ目は，これまでの研究との関係である。これまでの現代日本語文法に関する研究では，指示詞をはじめとした定の名詞句に関する研究はかなり進んでいる。それに対して，不定の名詞句に関する研究は，管見の限りでは，それほど進んでいないと言える。また，指示詞に関する研究の中でも定の名詞句と考えられる前方照応については，研究の質，量のいずれもかなりの程度まで進んでいるのに対して，不定の名詞句と考えられる後方照応についての研究はそれほど進んでいない。そこで，本章で不定の名詞句に関する研究として，後方照応を考察することにより，新たな研究分野の開拓を行いたいという狙いがある。

　以上のような問題意識を踏まえて，具体的な考察に入っていく。本章

で考察するコ系の指示詞による後方照応とは次のような現象を指す。

（1）私は彼女に<u>こんな</u>質問をした。「<u>あの男のどこが好きなんだ</u>」[1]。

（2）<u>これ</u>は弟から聞いたんだけど，<u>君は来年結婚する</u>そうだね。

（1）（2）のいずれの場合でも，コ系の指示詞が先に使用され，後の文脈でその指示対象の具体的な内容が述べられている。

これまでの研究では，（1）や（2）のコ系の指示詞の用法は後方照応として位置づけられ，「この」による後方照応[2]と「こんな」による後方照応[3]では構造が異なることなどが議論されてきた。しかし，なぜ後方照応が使用されるのかという観点からの研究は，管見の限りでは，見当たらない。そこで，本章ではまず，なぜ後方照応が使用されるのかという観点から分析を進め，後方照応は「聞き手に注目させる」という談話的機能を生じさせるために使用されることを主張し，コ系の指示詞の機能を探る。

また，コ系の指示詞による後方照応には，「この」による後方照応と「こんな」による後方照応という構造の異なる2種類があること，およびその理由づけが指摘されているが，それに当てはまらない例も存在する。そこで，「この」による後方照応と「こんな」による後方照応の成立条件について，改めて考察する必要がある。

さらに，次のような現象も問題になる。

（3）a. <u>このこと</u>│は│今さら言っても仕方がないかもしれないけど，<u>友子は君のことが好きだった</u>みたいだよ。

b. <u>こんなこと</u>│を│今さら言っても仕方がないかもしれないけど，<u>友子は君のことが好きだった</u>みたいだよ。

（3）は同じような内容を「この」による後方照応，「こんな」による後方照応で表現したものであるが，（3a）と（3b）では主題化という点で違いが生じている。そこで，（3a）のような主題化された後方照応と（3b）のような主題化されていない後方照応にはどのような違いが

---

1　本研究では，後方照応に関わる形式には一重線，後方照応先には二重線を引く。
2　厳密には「これ」による後方照応も含まれるが，ここでは「この」で代表させることにする。
3　「こんな」と「こういう」には岡部（1995）で指摘されているような違いもあるが，ここでは一括して扱い，「こんな」で代表させることにする。

あるのかについても考察しなければならない。

　以上の作業によって，これまでは指示詞の体系の中でのみ分析されて
きた後方照応の体系的な分析が可能となる。


## ２．これまでの研究と問題の所在

　本節では，コ系の指示詞による後方照応に関するこれまでの研究を概
観し，問題点を提示する。


## ２.１　後方照応とは

　まず，後方照応という現象について詳しく確認しておく。後方照応と
は次のような現象を指す。

　　（４）私は彼女にこんな質問をした。「あの男のどこが好きなんだ」
　　（５）このことは公にはされていませんが，彼の死は本当は自殺で
　　　　　はなくて他殺なのです。
　　（６）これは山下君から聞いたんだけど，君は研究を辞めたいらし
　　　　　いね。ビックリしたよ。でもこのことだけはハッキリ言って
　　　　　おく。君には才能があるんだから，絶対に研究は続けた方が
　　　　　いい。だから，研究を辞めるなんて言わずに，もう少し考え
　　　　　たらどうだい。
　　（７）あれから数日間考えて，こんな結論が出ました。僕は研究を
　　　　　辞めます。僕には才能がないし，続けていても仕方ありません。

　指示詞が使用される場合，通常，その指示対象は指示詞が使用される
前に現れるが，後方照応ではその順序が逆になる。（４）〜（７）では，「こ
んな＋N」「この＋N」「これ」が先に提示され，後の文脈で当該の指示
対象に関する具体的な内容が述べられている。

　また，後方照応はコ系の指示詞だけに限られるものではなく，ソ系の
指示詞によっても表される。

　　（８）それは耕介が小学校に上がる前の，ほんの小さな頃の出来事
　　　　　だった。母親に手を引かれて行った近所の公園で，耕介は母
　　　　　親の温かい笑顔に見守られながら，砂場やすべり台で無邪気

に遊んでいた。……（広場10）

（ 9 ）それはある夜のことだった。俺がベッドでねているときに，カッパのような異星人たちがやってきて，「おまえにきめた。おまえ自身と日本の運命をリンクさせることにした」などと，わけのわからないことを言いやがり，茫然としている俺をベッドに押しつけて，身動きができない俺の体に，やたらと小さな電池のようなものを埋めこんだ。（広場14）

（10）それは確か，つぐみが中学に入ったばかりの時だった。陽子ちゃんと私とつぐみは，ちょうど1学年ずつずれて，同じ中学にいた。……（TUGUMI）

（ 8 ）～（10）のいずれの例においても，先にソ系の指示詞が提示され，後で当該の指示対象についての記述が行われている。以上の例からも，後方照応はコ系の指示詞だけでなく，ソ系の指示詞によっても表すことができることが分かる[4]。ただし，本稿ではソ系の指示詞は直接的には関わりを持たないので考察の対象外とし，以下ではコ系の指示詞による後方照応のみを扱う。

## 2.2 これまでの研究

これまでの研究で，後方照応を扱ったものは，前方照応を扱ったものに比べると極端に数が少ない。また，後方照応を扱ったものでも，そのほとんどが指示詞の体系の中でのみ分析されてきたと言える。

本章で考察するコ系の指示詞による後方照応に関して，これまでの研究は大きく3つに分けることができる。それは，①後方照応という現象を指示詞の体系にどのように位置づけるか，②後方照応の下位分類[5]，③後方照応を文脈指示と捉えるかどうか[6]，という3つである。以下では，後方照応に主眼を置いた研究である木村（1983）と馬場（1992）を取り上げる。

---

4　ただし，ソ系の指示詞による後方照応は文体が制約され，会話の中にはあまり使用されず，小説などの冒頭部分に現れやすいという特徴がある。
5　木村（1983）や馬場（1992）などが挙げられる。
6　馬場（1992）などが挙げられる。

28

## 2.2.1 木村 (1983)

木村(1983)はコ系の指示詞による後方照応に関して，主題化との関係，文終止との関係という2つの観点から，「こんな」による後方照応と「この」による後方照応の特徴づけを行っている。そして，「こんな」による後方照応は（ⅰ）前文で「コンナ＋名詞」という表現が用いられ，後方の叙述でその名詞の表す事物の内容が具体的に述べられる，（ⅱ）主題化とは相容れない，（ⅲ）文末は独立主文として終止することができる，という特徴を持つことが指摘されている。一方，「この」による後方照応は（ⅰ）主題化される，（ⅱ）述部は独立主文として終止する形をとり難く，「ガ」や「ケレド」を伴う従属節のような形で文末終止のまま後方に繋がっていく（解説的，説明的な前置きとしての題述文となる），という特徴を持つことが指摘されている。以上のことを簡単にまとめると，次のようになる。

---

「こんな」による後方照応と「この」による後方照応の違い

コンナ：[「こんな {話／こと／……}」] {が／を} P1。[指示対象の文]

コ　ノ：[「これ」「この {話／こと／……}」] は（＝主題）P2 {けれど／が／……}，[指示対象の文]。

それぞれに対応する例は次のものである。

(11) a. こんな夢を見た。腕組をして枕元に坐つて居ると，仰向に寝た女が，静かな声でもう死にますと云ふ。女は長い髪を枕に敷いて，輪郭の柔らかな瓜実顔を其の中に横たへてゐる。……

 b. あるときも新作でこんなことがあった。屋台の後にひそんでみるとちょうど囲いの中で，まるで光線が来ない。だから懐中電燈を用意した。そこまではよかったのだが，筆十郎も寄る年波で，手先の神経が鈍っている。（中略）どうした拍子か，かたりとその懐中電燈を落としてしまったの

だ。

    c.「古い中国のことわざにこんな文句があるんだそうだ。〈恥
ナクシテ富ム。〉わかるかね」

(12) a.「わかりました。<u>このこと</u>は信じていただきたいと思いま
すけれど，国近を殺したのは，あたくしではございません」

    b.「そうそう。<u>この話</u>は小栗も初耳のはずだが，と前置きして」
あの金時計の話をはじめたのである。

    c. それから，<u>このこと</u>は公にはされていませんが，あれは本
当は事故死ではなくて自殺なのです。

(11) は「こんな」が使用されている例，(12) は「この」が使用され
ている例である。「こんな」が使用されている (11) では，主題化され
ておらず，文末も言い切りになっているのに対して，「この」が使用さ
れている (12) では，主題化されており，文末も言い切りにならずに後
につながっている。これを反対にすると，(13) や (14) のように許容
されないものとなる。

(13) a. ＊<u>こんな夢</u>[は] 見た。腕組をして枕元に坐つて居ると，仰向
に寝た女が，静かな声でもう死にますと云ふ。女は長い髪
を枕に敷いて，輪郭の柔かな瓜実顔を其の中に横たへて
ゐる。……

    b. ＊あるときも新作で<u>こんなこと</u>[は] あった。屋台の後にひそ
んでみるとちょうど囲いの中で，まるで光線が来ない。だ
から懐中電燈を用意した。そこまではよかったのだが，筆
十郎も寄る年波で，手先の神経が鈍っている。（中略）ど
うした拍子か，かたりとその懐中電燈を落としてしまった
のだ。

    c. ＊「古い中国のことわざに<u>こんな文句</u>[は] あるんだそうだ。〈恥
ナクシテ富ム。〉わかるかね」

(14) a. ＊「わかりました。<u>このこと</u>[を] 信じていただきたいと思い
ますけれど，国近を殺したのは，あたくしではございませ
ん」

b. ＊「そうそう。<u>この話</u>が小栗も初耳のはずだが，と前置き
して」あの金時計の話をはじめたのである。

c. ＊それから，<u>このこと</u>が公にはされていませんが，あれは
本当は事故死ではなくて自殺なのです。

（11）を主題化した（13）は許容度が下がっており，（12）を主題化せ
ずに使用した（14）もやはり許容度が下がる。

木村（1983）は「こんな」は＜性状＞や＜情態＞といった実質的概
念である「＜さま＞を指示し，同時に＜さま＞を表す指示詞」（木村
1983:73）であるのに対して，「この」は「自らは表す対象をもたず，そ
れは専ら，その係り先の名詞が表す対象を境遇的に限定する機能をもつ
のみである」（木村 1983:73）と指摘している[7]。コ系の指示詞による後方
照応に構造の異なる 2 種類があることについて，木村（1983）は「こんな」
と「この」の本来の性質によるものと捉えている。後方照応に使用され
る「こんな」は後の文脈で示される内容を前もって指し，聞き手に当該
の名詞句の存在のみを知らせる。具体的な内容が明らかになっていない
ため，その対象は聞き手にとって未知のものとなり，「こんな」による
後方照応は主題化と相容れない。これに対して，「この」による後方照
応では，「この＋Ｎ」が解説的，説明的な前置きとしての題述文に現れ
ることから，話し手が自分の観念内に留まる事柄を概念化した上で「こ
の＋Ｎ」で表し，それを先取りの形で解説の対象である主題の位置に置
くという特徴があると指摘している。また，「この＋Ｎ」は解説的な前
置きなので，必須のものではないという記述もある。

---

7 木村（1983）では，「こんな」は「修飾の連体」，「この」は「指（示限）定の連体」と
名づけられている。また，「こんな」と「この」の違いは次の例にも現れる。
（ⅰ）先生，こんな本が出ましたよ。
（ⅱ）先生，この本が出ましたよ。
「こんな本」の場合，「本」そのものを直示しているのではなく，本の内容などの＜さま＞
を指向しているのに対して，「この本」の場合，当該の指示対象が眼前の「本」そのものを
直示している。

## ２．２．２　馬場（1992）

　馬場（1992）は，後方照応の典型的な型があるのではないかという問題意識に基づいて，コ系・ソ系の違いや語形の違いごとに後方照応の典型的な型を取り上げ，それぞれの特徴とコ系・ソ系の性質との関連を考察している[8]。

　コ系の指示詞による後方照応では，（ア）コレ（・コノ），（イ）コンナ・コウイウ，（ウ）コウ・コンナ（コウイウ）フウニ，（エ）従属句内に現れる場合，という４つの型が指摘されている[9]。（ア）コレ（・コノ）による後方照応は，「構文的に「コレ（コノ＋名詞１）ハ……名詞２ダ（デアル）」となり，その名詞２に必ず連体修飾語が付く」（馬場1992:22）と指摘されている。また，「以下の叙述内容全体を「話」「こと」などとして一括して捉え，連体修飾語によって，それがいつあるいはどのように存在するのかを規定したり，要約的に示したりする」（馬場1992:22）という特徴があることが指摘されている。

　　（15）a. ｛これ／この話｝は今から２年前の話である。

　　　　　b. ｛これ／このこと｝は次郎が誰にでも話していることである。

　（イ）コンナ・コウイウによる後方照応と（ウ）コウ・コンナ（コウイウ）フウニによる後方照応は，「言語表現の存在を示す文によって，あるまとまりをもった言語的内容・思考内容・出来事全体の存在を述べ，その存在をまず知らせ，以下の展開の大枠をはめ，以下具体的に実際の言語

---

8　また，その他にも，全ての後方照応を文脈指示としてよいかどうかという点についても考察がされており，ソ系の一部のみを文脈指示と見なし，それ以外は観念指示用法と位置づけている。

9　ソ系の指示詞による後方照応については，（オ）ソレ①による後方照応，（カ）ソウによる後方照応,（キ）ソノY〜Xという後方照応,（ク）ソレ②による後方照応が指摘されている。
　（ⅲ）意味を知らないでそれを使うと，俗語は誤解を招くことがある。
　（ⅳ）当時はまだそう言い切れるほどではなかったが，この二〇年間に読者は単に情報の受け手になった。
　（ⅴ）その必要性は万人が認めるところであったが，環境アセスメント法案が議会で成立したのははるか後のことである。
　（ⅵ）それは，ある日のことだった。
（オ）ソレ①による後方照応,（カ）ソウによる後方照応,（キ）ソノY〜Xという後方照応は，いずれも指示語が使われる文内にその指示内容の語句が現れるという特徴がある。一方，（ク）ソレ②による後方照応は主節に用いられ，一文として独立したものである。

的内容・出来事を述べていく」（馬場 1992:22）ことが指摘されている。

(16) a. ｛こんな／こういう｝話がある。

    b. ｛こんな／こういう｝事を尋ねてみた。

(17) a. ｛こう／こんなふうに｝言った。

    b. ｛こう／こういうふうに｝書いてあった。

　（イ）コンナ・コウイウによる後方照応については，コノに置き換えができないという特徴があると指摘されている。また，（イ）コンナ・コウイウによる後方照応，（ウ）コウ・コンナ（コウイウ）フウニによる後方照応のいずれもソ系に置き換えると不自然になることが指摘されている。

　（エ）従属句内に現れる場合の例は，次の通りである。

(18) a. これは誰にも言わないでほしいんだけれど，……。

    b. このことは公にはされていませんが，……。

　馬場（1992）では，(18b) の「この」が「こんな」に置き換えられ[10]，また，「これ」「こう」などの形も使われるので，従属句内に現れる後方照応のコ系は「以下の叙述に対する解説的，説明的な前置きという特徴を持っている」（馬場 1992:23）と指摘している。

## 2.2.3　実例による観察

　木村（1983）や馬場（1992）で指摘されていることは，コ系の指示詞による後方照応という現象を的確に捉え，その位置づけを行ったものと言える。ただし，木村（1983）や馬場（1992）で指摘されていることはあくまでも傾向にすぎず，次のような実例も存在する。

(19) a. こんなこと聞いても仕方がないかもしれませんが，友子は君のことを好きだったらしいですよ。（りたかた）

    b. 一九七六年という年に起こった出来事で，もっともありありと明瞭に僕の脳裏に浮かび上がってくるのは，じつにこ

---

10　ただし，筆者の語感では，無条件に (18b) の「この」を「こんな」に置き換えるのは難しいように思われる。

　(vii) ?? こんなことは公にされていませんが，……。

の文句である。「ベレンコ中尉も，これでデレンコ」。歴史
の凝縮作用というのはまことにもって不可解だ。（いかに
して）

（19a）は「こんな」が使用されているにもかかわらず，「前置き－解説」
という構造になっている。（19b）は「この」が使用されているにもかか
わらず，主題化されていない例である。

## ２.３　問題の所在

　以上のようなコ系の指示詞による後方照応についてのこれまでの研究
は，指示詞の体系の中での分析が中心となっており，なぜ後方照応が使
用されるのかという観点からの分析はほとんど問題にされていない。つ
まり，通常の語順でも意味が通じるにもかかわらず，なぜ後方照応が使
用されるのかということについては，あまり議論されてこなかったので
ある。このことを次の例で確認する。

　　　（20）　a．私は彼女に「あの男のどこが好きなんだ」という質問を
　　　　　　　した。
　　　　　　b．私は彼女にこんな質問をした。「あの男のどこが好きなん
　　　　　　　だ」

　（20a）は通常の語順のもの，（20b）は後方照応を使用したものである。
（20a）のような通常の語順でも意味は通じるにもかかわらず，なぜ（20b）
のように後方照応を使用するのだろうか。３節ではこのことを談話的機
能の観点から分析を進める。

　また，木村（1983）では，コ系の指示詞による後方照応に「この」に
よる後方照応と「こんな」による後方照応という構造の異なる２種類が
あること，およびその理由づけが考察されていた。しかし，それに当て
はまらない例も存在する。

　　　（21）　一九七六年という年に起こった出来事で，もっともありあり
　　　　　　と明瞭に僕の脳裏に浮かび上がってくるのは，じつにこの文
　　　　　　句である。「ベレンコ中尉も，これでデレンコ」。歴史の凝縮
　　　　　　作用というのはまことにもって不可解だ。（いかにして）

第3章　談話的機能の観点から見た後方照応

(22) こんなことはすでにご存知でしょうが，<u>来年ドイツでW杯が
開かれます</u>。だから，来年は日本中がサッカー一色になるは
ずです。

(23) A：最近，よく寝坊してしまって困っているんだ。何か良い
方法はないかな。

　　　 B：じゃあ，<u>こんな方法</u>はどう？<u>眠る前に起きたい時間の数
だけ枕をたたく</u>。例えば，7時に起きたいなら7回たた
くんだよ。そうすれば大丈夫だよ。

(21) は「この」による後方照応であるが，主題化されていなくても
成立している。また，「こんな」による後方照応は主題化と相容れない
と指摘されていたが，(22)や(23)のように主題化と結びつく場合もある。
そこで，「この」による後方照応と「こんな」による後方照応の成立条
件について改めて考察する必要がある。

さらに，次のような現象も問題になる。

(24) a. <u>このこと</u>は今さら言っても仕方がないかもしれないけど，
<u>友子は君のことが好きだったみたいだよ</u>。

　　　 b. <u>こんなこと</u>を今さら言っても仕方がないかもしれないけ
ど，<u>友子は君のことが好きだったみたいだよ</u>。

(24) は同じような内容を「この」による後方照応，「こんな」による
後方照応で表現したものであるが，(24a) と (24b) では主題化という
点で違いが生じている。そこで，(24a) のような主題化された後方照応
と (24b) のような主題化されていない後方照応にはどのような違いが
あるのかについても考察しなければならない。

さらに，コ系の指示詞による後方照応は他の形式との関係も問題にな
る。

(25) a. あれから数日間考えて，<u>こんな結論</u>が出ました。<u>僕は研究
を辞めます</u>。

　　　 b. あれから数日間考えて，<u>ある結論</u>が出ました。<u>僕は研究を
辞めます</u>。

　　　 c. あれから数日間考えて，<u>一つの結論</u>が出ました。<u>僕は研究</u>

35

を辞めます。

(26) a. ＊昨日この学生から質問を受けました。それは山田花子さんです。彼女は学内でも熱心なことで有名ですからね。

   b. 昨日ある学生から質問を受けました。それは山田花子さんです。彼女は学内でも熱心なことで有名ですからね。

   c. 昨日一人の学生から質問を受けました。それは山田花子さんです。彼女は学内でも熱心なことで有名ですからね。

　(25) では，「こんな」と連体詞「ある」や「一＋助数詞＋の」を同じように使用することができる。また，(26) では「この」は使用することができないが，連体詞「ある」や「一＋助数詞＋の」は使用することができる。

　コ系の指示詞による後方照応を扱ったこれまでの研究には，（Ⅰ）コ系の指示詞による後方照応が使用される理由，（Ⅱ）「この」による後方照応と「こんな」による後方照応の成立条件，（Ⅲ）主題化された後方照応と主題化されていない後方照応の違い，（Ⅳ）コ系の指示詞と他の形式との関係，という4つの問題点が残る。ただし，（Ⅳ）コ系の指示詞と他の形式との関係は第7章で扱うため，以下では，（Ⅰ）～（Ⅲ）の問題をそれぞれ3節，4節，5節で考察する。

## 3．後方照応が使用される理由とコ系の指示詞の機能

### 3．1　「聞き手に注目させる」という談話的機能

　(27a) のような通常の語順でも意味が通じるにもかかわらず，なぜ(27b) のような後方照応が使用されるのだろうか。

　　(27) a. 私は彼女に「あの男のどこが好きなんだ」という質問をした。

　　　　 b. 私は彼女にこんな質問をした。「あの男のどこが好きなんだ」

　このことを理解するために，江口（2000）を取り上げる。江口（2000）は後置文を3つのタイプに分類し，関連性理論の枠組みを用いて説明している。そして，3つのタイプのうちの1つに聞き手の注意を後置要素

第3章　談話的機能の観点から見た後方照応

に向けようとしているものがあると指摘している[12]。

　　(28)　a.　おい，見たぞ，おまえがあいつに車の陰で金を渡している
　　　　　　ところを。
　　　　　b.　部屋の中から何か奇妙な音がします。恐る恐るドアを開け
　　　　　　てみると，突然暗闇の中から飛び出してきました，見たこ
　　　　　　ともないほど大きな黒い猫が。

　通常の語順である「おまえがあいつに車の陰で金を渡しているところ
を見たぞ」や「突然暗闇の中から見たこともないほど大きな黒い猫が飛
び出してきました」の代わりに，(28) のような後置文が使用されている。
なぜ後置文が使用されるのかについては，話し手が後置要素に聞き手の
注意を引きつけるねらいで，意図的に語順を逆転させたものであるとい
う指摘がある[13]。

　江口 (2000) による後置文の分析を後方照応という現象にも援用する[14]。
つまり，通常の語順である (27a) と後方照応を使用した (27b) では，「聞
き手に注目させる」という談話的機能が生じるかどうかで違いがあると
捉えるのである。通常の語順である (27a) では，話し手は単にそのよ
うな事態があったことを述べているにすぎない。これに対して，後方照
応を使用した (27b) では，話し手は質問の内容である「あの男のどこ
が好きなんだ」ということを聞き手に注意して聞いてほしい，あるいは，
注目させて聞かせたいといった意図を持っている。そして，その意図を
実現させるために，注目させたい情報を後に持ってきて，その情報に聞
き手の注意を向けさせるのである[15]。

---

12　その他のタイプには，①先行要素が談話的な省略によるもので，後置要素が旧情報の
もの（例文 (viii)），②先行要素が構文法的な省略によるもので，後置要素が新情報のもの（例
文 (ix)）がある。いずれも，話し言葉の中で使用されるという特徴を持つ。
　（viii）本当にだめだね，君は。
　（ix）太郎は花子に買ってやったよ，10 カラットのダイヤの指輪を。
13　このタイプの特徴として，話し言葉だけでなく書き言葉でも使用されるということも
指摘されている。
14　ただし，コ系の指示詞による後方照応と後置文には使用される要因などに違いがある
と思われる。詳細は今後の課題としておく。
15　もちろん，「聞き手に注目させる」という後方照応の談話的機能はコ系の指示詞による
後方照応だけでなく，ソ系の指示詞による後方照応にも備わっている。

## 3.2 コ系の指示詞の機能

それでは，コ系の指示詞による後方照応においてコ系の指示詞はどのような機能を担っているのだろうか。本研究では，コ系の指示詞による後方照応においてコ系の指示詞は「聞き手に注目させる」という談話的機能を明示するために使用されると捉える。このことを確認するために，次の例を取り上げる。

(29) a. 山下君から適度な運動は体にいいらしいという話を聞いたよ。
　　 b. 山下君から聞いたけど，適度な運動は体にいいらしいよ。
　　 c. この話は山下君から聞いたけど，適度な運動は体にいいらしいよ。

通常の語順である（29a）と「適度な運動は体にいいらしい」という部分を後に持ってきた（29b）を比べると，（29b）の段階でも「聞き手に注目させる」という談話的機能は生じていると考えられる。通常の語順である（29a）の場合，話し手は単に「山下君から適度な運動は体にいいらしいという話を聞いた」という事態があったことを聞き手に伝えているにすぎない。（29b）のような「前置き－解説」構造を使用すると，話し手は「適度な運動は体にいいらしい」ということを重要な情報として捉え，語順を変えることによって聞き手に注目させていることが分かる。そして，（29c）のように「この＋Ｎ」を（29b）に付加する形で使用すると，後方照応であることが明示され，「聞き手に注目させる」という談話的機能がさらに明示的なものとなる。

同様のことが（30）にも当てはまる。

(30) a. 山下君から適度な運動は体にいいらしいという話を聞いたよ。
　　 b. 山下君から話を聞いたよ。適度な運動は体にいいらしいね。
　　 c. 山下君からこんな話を聞いたよ。適度な運動は体にいいらしいね。

通常の語順である（30a）と「適度な運動は体にいいらしい」という

---

（x）それは耕介が小学校に上がる前の，ほんの小さな頃の出来事だった。母親に手を引かれて行った近所の公園で，耕介は母親の温かい笑顔に見守られながら，砂場やすべり台で無邪気に遊んでいた。(以下略)（広場10）

部分を後に持ってきた（30b）を比べると，（30b）のような裸名詞の段階でも「聞き手に注目させる」という談話的機能が生じていると考えられる。しかし，（30b）に付加する形で「こんな」を使用することによって後方照応であることが明示され，「聞き手に注目させる」という談話的機能が明示的なものとなる。このことは「話を聞いたよ」と「こんな話を聞いたよ」を比べると，前者は（31a）のように話の内容を必ずしも問題にしなくてもよいのに対して，後者は話の内容が必ず問題になるという違いがあることからも理解できる。

 （31）a. 山下君から<u>話</u>を聞いたよ。君もなかなか鋭いことを考えているね。

   b. * 山下君から<u>こんな話</u>を聞いたよ。君もなかなか鋭いことを考えているね。

たしかに，（30b）の段階でも「聞き手に注目させる」という談話的機能は生じているが，(30c) のように「こんな」を付加することによって，後方照応先である話の具体的な内容に触れなければならず，それだけ「聞き手に注目させる」という談話的機能が明示的なものとなっている。

## 4．コ系の指示詞による後方照応の成立条件

 本節では，コ系の指示詞による後方照応の成立条件について，使用制約も考慮に入れながら考察を進める。まず，「定／不定」という指示に関する概念の導入を行った後，「聞き手に注目させる」という談話的機能の精密化を行う。そして，「この」による後方照応の成立条件，「こんな」による後方照応の成立条件を明らかにする。

### 4．1　後方照応と「定／不定」

 木村（1983）で指摘されているように，「この」による後方照応と「こんな」による後方照応では主題化に関して違いが生じる。「この」による後方照応は主題化されるのに対して，「こんな」による後方照応は主題化とは相容れない。

(32) a. このこと[は]公にはされていませんが，彼の死は自殺では
なく他殺なのです。

b. ＊このこと[が]公にはされていませんが，彼の死は自殺では
なく他殺なのです。

(33) a. こんな質問[を]彼女にした。「あの男のどこが好きなんだ」

b. ＊こんな質問[は]彼女にした。「あの男のどこが好きなんだ」

　木村（1983）では，主題化に関する違いを「この」と「こんな」の本
来の性質によるものと捉えていた。しかし，本研究では3節での主張も
踏まえ，主題化に関する違いを談話的な観点から捉え直すことにする。
そのために，「定／不定」という指示に関する概念を導入する。

　第2章でも述べたように，「定／不定」という概念は聞き手に関する
指示の概念である。定は聞き手が当該の指示対象を同定できる（と話し
手が想定する）場合であり，不定は聞き手が当該の指示対象を同定でき
ない（と話し手が想定する）場合である。「定／不定」をこのように捉
えると，後方照応という現象は次のように規定することができる。

　　後方照応：「聞き手に注目させる」という談話的機能を生じさせるた
　　　　　　　めに使用され，聞き手に不定の名詞句を知らせる現象

　このことは，言い換えると，後方照応を使用して聞き手に注目させた
い名詞句は不定でなければならないということになる。

## 4.2　主題化と「定／不定」

　主題に関するこれまでの研究から，日本語で主題化できるのは定の名
詞句であることが指摘されている。

(34) a. 今日，太郎[は]学校に来ていました。

b. ＊今日，誰か[は]学校に来ていました[16]。

---

16　ただし，「ある人」は次のような文なら，「は」を使用することができる。

（xi）この世の中の大部分の人は何らかの悩みを抱えている。ある人[は]仕事のことで
悩み，ある人[は]家庭のことで悩んでいる。

第3章　談話的機能の観点から見た後方照応

　　　　c.* 今日，ある人は学校に来ていました。

　（34a）のように定の名詞句の「太郎」は主題化することができるが，
（34b）（34c）のように不定の名詞句の「誰か」や「ある人」は主題化す
ることができない。

　「この」による後方照応と「こんな」による後方照応では主題化に関
して違いが生じたが，この違いを主題化の性質と「定／不定」という概
念から考えると，後方照応に使用される「この＋N」は定の名詞句とし
て機能しているのに対して，「こんな＋N」は不定の名詞句として機能
していると捉え直すことができる。

表1　「この」と「こんな」の違い

| 特定性＼定性 | 定 | 不　定 |
|---|---|---|
| 特　定 | 指示詞「この」<br>指示詞「これ」 | 指示詞「こんな」「こういう」<br>「一＋助数詞＋の」連体詞「ある」 |

　表1は「この」と「こんな」では「定／不定」に関して機能が異なる
ことを示したものである。コ系の指示詞のうち，「こんな」は不定とし
ても機能し得るが，「この」は定としか機能しないのである。

　コ系の指示詞による後方照応には，「この」による後方照応と「こんな」
による後方照応の2種類があるが，それは「この」と「こんな」の機能
の違いによると考えられる。つまり，「この＋N」は定の名詞句として
機能し，「こんな＋N」は不定の名詞句として機能するので，コ系の指
示詞による後方照応には構造の異なる2種類があるのである[17]。

---

しかし，この場合の「ある人」は対比を表すものと考えられる。
17　ただし，「この＋N」が主題化されず，定とは考えられない場合や，「こんな＋N」が
主題化され，定となる場合もある。詳細は4.3と4.4で明らかにする。

41

## 4.3 「この」による後方照応の成立条件

　それでは，なぜ定の名詞句として機能する「この＋N」が後方照応として使用できるのだろうか。

　3節で「聞き手に注目させる」という談話的機能を生じさせるために後方照応が使用されると主張した。しかし，ここで注意が必要なのは，「聞き手に注目させる」という談話的機能には限定詞が持つ場合と文構造が持つ場合の両方があり，それぞれを区別しなければならないということである。このことを次の例から確認する。

> (35) a.　公にはされていませんが，彼の死は自殺ではなく他殺なのです。
>
> 　　　b.　一九七六年という年に起こった出来事で，もっともありありと明瞭に僕の脳裏に浮かび上がってくるのは，じつに「ベレンコ中尉も，これでデレンコ」という文句である。

　(35a) は「公にはされていませんが」という「前置き」の部分と「彼の死は自殺ではなく他殺なのです」という「解説」の部分で構成されている。また，(35b) は「〜のは……」という分裂文の構造になっている。これらの文構造において，「彼の死は自殺ではなく他殺なのです」という部分や「じつに「ベレンコ中尉も，これでデレンコ」という文句である」という部分は文の焦点となっている。文の焦点は，言い換えると，聞き手に注目させたい部分である。よって，これらの文は文構造自体が「聞き手に注目させる」という談話的機能を持っていると考えられる。

　「この」による後方照応が成立するのは，文構造が「聞き手に注目させる」という談話的機能を持っている場合に限られる。

> (36) a.　<u>このこと</u>は公にはされていませんが，<u>彼の死は自殺ではなく他殺なのです</u>。
>
> 　　　b.　一九七六年という年に起こった出来事で，もっともありありと明瞭に僕の脳裏に浮かび上がってくるのは，じつに<u>この文句</u>である。<u>「ベレンコ中尉も，これでデレンコ」</u>。

　(36a) は「前置き－解説」構造，(36b) は分裂文の構造となっている。いずれも，文構造が「聞き手に注目させる」という談話的機能を持って

おり，それによって定の名詞句である「この＋N」を後方照応として使用できるので，「この」による後方照応が成立するのである。(36a) の「前置き－解説」構造では，文構造が聞き手に注目させたい部分とコ系の指示詞による後方照応が注目させたい部分が一致している。(36b) の分裂文の構造では，文構造が聞き手に注目させたい部分に「この＋N」が出現し，コ系の指示詞による後方照応が注目させたい部分がその後に生じている[18]。文構造が「聞き手に注目させる」という談話的機能を持っていれば，(36b) のように主題化されなくても「この」による後方照応は可能である。しかし，文構造が「聞き手に注目させる」という談話的機能を持っていなければ，(37) のように「この」による後方照応は使用できない。

(37) ??この天才ジャンパーの出現がルール改正のきっかけとなったといっていいでしょうね。それはフィンランドのニッカネンです。

(37) は「前置き－解説」構造や分裂文の構造になっていない。「この」による後方照応に (37) のような使用制約があるのは，文構造が「聞き手に注目させる」という談話的機能を持っていないためである。

## 4.4 「こんな」による後方照応の成立条件

「こんな」による後方照応は主題化されず，「こんな＋N」が不定の名詞句として機能するので，後方照応の特徴と合致する。そのため，「こんな」による後方照応は「この」による後方照応のような使用制約は存在しない。逆に，「こんな＋N」が主題化できる場合も存在する。

(38) こんなことはすでにご存知でしょうが，来年ドイツでW杯が開かれます。だから，来年は日本中がサッカー一色になるはずです。

木村 (1983) で「こんな」による後方照応は主題化とは相容れないという指摘があったにもかかわらず，なぜ「こんな」による後方照応が主

---

18 「前置き－解説」構造と分裂文の構造でこのような違いが生じることの扱いについては，今後の課題としておく。

題化できるのだろうか。

　（38）の場合，点線で示した前置き部分の内容が問題となる。次の（39）の点線部分のように，前置き部分の内容を「彼から聞きました」にすると，「こんな」による後方照応は主題化できなくなる。

　　（39）　?? こんなことは彼から聞きましたが，来年ドイツでW杯が開かれます。だから，来年は日本中がサッカー一色になるはずです。

　（38）の前置き部分の「すでにご存知でしょうが」と（39）の前置き部分の「彼から聞きました」では，聞き手に対してどのような情報を伝えているのかが異なる。（39）の「彼から聞きました」は単に「来年ドイツでW杯が開かれる」ことを彼から聞いたことを表すのみである。これに対して，（38）の「すでにご存知でしょうが」は聞き手が後方照応先の内容を知っていることを前提にしている。聞き手が「来年ドイツでW杯が開かれる」ことを知っていると話し手は想定しているので，その意味において，「こんな＋N」は定の名詞句と言える。「こんな＋N」が定の名詞句として機能しているので，「こんな」による後方照応が主題化されているのである。

　主題化されている「こんな」による後方照応の例は他にも考えられる。

　　（40）　あなたの会社にこんな人はいますか。いつも部下の悪口ばかり言い，上司の機嫌を取ろうとする人。そんな人には気を付けてくださいね。

　（40）はこれまで取り上げてきた「こんな」による後方照応の例とは文のタイプが異なっている。これまで取り上げてきたものは全て平叙文の形で，聞き手に何らかの情報を伝えるものであった。しかし，（40）は疑問文の形で，「いつも部下の悪口ばかり言い，上司の機嫌を取ろうとする人」がいるかどうかを聞き手に質問している。（40）のような疑問文の場合，聞き手に情報を求めているので，「こんな＋N」は必ずしも聞き手が同定できないことが前提にはならない。よって，「こんな＋N」が不定の名詞句として機能せず，主題化が可能になるのである。これを疑問文ではなく平叙文にすると，主題化できなくなる。

第3章　談話的機能の観点から見た後方照応

(41) あなたの会社にこんな人 {??は／が} います。<u>いつも部下の</u>
<u>悪口ばかり言い，上司の機嫌を取ろうとする人</u>。そんな人に
は気を付けてくださいね。

　このことからも，疑問文の場合にのみ「こんな」による後方照応が主
題化されることが理解できる。

## 5．後方照応先の情報の性質と主題化

　次の例のように，同じ内容を主題化された後方照応と主題化されてい
ない後方照応の両方で表すことができるものが存在する。

(42) a. <u>このこと</u>は今さら言っても仕方がないかもしれないけど，
<u>友子は君のことが好きだったみたいだよ</u>。

　　 b. <u>こんなこと</u>を今さら言っても仕方がないかもしれないけ
ど，<u>友子は君のことが好きだったみたいだよ</u>。

　本節では，主題化された後方照応と主題化されていない後方照応の違
い，および後方照応で主題化が可能な理由について考察する。

## 5．1　主題化されていない後方照応が伝える内容

　主題化された後方照応と主題化されていない後方照応では，後方照応
先の情報の性質が異なっている。

(43) a. <u>{この／こんな} こと</u>はすでにご存知でしょうが，<u>来年ド</u>
<u>イツでW杯が開かれます</u>。だから，来年は日本中がサッカ
ー一色になるはずです。

　　 b. <u>??こんなこと</u>をすでに {ご存知でしょう。／ご存知でし
ょうが，} <u>来年ドイツでW杯が開かれます</u>。だから，来年
は日本中がサッカー一色になるはずです。

　(43) はいずれも，「来年ドイツでW杯が開かれ，来年は日本中がサッ
カー一色になるはずだ」ということを，後方照応を使用して聞き手に伝
えたものである。しかし，主題化された後方照応は許容されるのに対し
て，主題化されていない後方照応は許容度が下がる。(43b) は主題化さ
れていないため，文末が独立主文で終止していても，前置きであっても，

45

「この」による後方照応と「こんな」による後方照応のいずれもが使用できない。それでは，なぜこのような現象が起こるのだろうか。

　（43）で主題化された後方照応しか使用できないのは後方照応先の内容が関係している。（43）の後方照応先の内容は，点線で示した「すでにご存知でしょう」という前置き部分からも分かるように，聞き手が知っている（と話し手が想定している）情報である。これを情報の性質という観点から捉え直すと，（43）の後方照応先の内容は旧情報となる。後方照応先の内容が旧情報の場合，主題化された後方照応は使用できるが，主題化されていない後方照応は使用できない[19]。言い換えると，主題化されていない後方照応は後方照応先の内容が新情報に限られるので，聞き手に新情報を伝えるために使用されていると見なすことができる。

## ５.２　主題化された後方照応が伝える内容

　これに対して，主題化された後方照応は後方照応先の内容が必ずしも新情報に限られるわけではないので，聞き手に新情報を伝えるために使用されると見なすことはできない。主題化された後方照応が聞き手に何を伝えるために使用されるのかという点に関して，本研究では情報の重要性という概念を提示する[20]。情報の重要性は新情報・旧情報という情報の新旧とは独立した概念であるので，新情報であっても，旧情報であっても，話し手は当該の情報が重要であると捉えることができる。そして，主題化された後方照応は聞き手に新情報ではなく，情報の重要性を伝えるために使用されると位置づける。このことを理解するために，次の例を取り上げる。

　　（44）これはまああたりまえのことだけれど，猫にもいろんな性格
　　　　　があって，一匹一匹それぞれ考え方も違うし，行動様式も違う。
　　　　　今飼っているシャム猫は僕に手を握ってもらっていないとお

---

19　主題化されていれば，（43a）のように，「この」だけでなく，「こんな」を使用できることも後方照応先が旧情報の場合の特徴である。
20　情報の重要性という概念については，久野（1978），高見（1995），高見（1997），神尾・高見（1998），高見（2001）などでも言及されている。

産ができないという実に変わった性格の猫である。(逆襲)

　(44) は点線で示された「まああたりまえのことだ」という前置き部分からも分かるように，後方照応先が必ずしも聞き手にとって新情報とはなっていない。つまり，新情報を伝えるために「この」による後方照応が使用されていると見なすことができないのである。(44) で話し手は自分が飼っているシャム猫の性格が変わっていることを聞き手に伝えようとしている。そして，そのことを聞き手に効果的に伝えるために，「猫にもいろんな性格があって，一匹一匹それぞれ考え方も違うし，行動様式も違う」ことを前もって確認している。主題化された後方照応を使用することで，後方照応先がその後の文脈で述べることにとって重要なものとなることを聞き手に提示し，最終的にシャム猫の性格が変わっていることを効果的に聞き手に伝えているのである。

　主題化された後方照応が情報の重要性を伝えていることをさらに確認するために，主題化された後方照応の2つのタイプを取り上げる。1つは (43a) のような「前置き－解説」構造を持つものである。この構造では，文構造が聞き手に注目させたい部分とコ系の指示詞による後方照応が注目させたい部分が一致する。(43a) では後方照応先の「来年ドイツでW杯が開かれます」という部分がそれに相当する。文構造が注目させたい部分と後方照応が注目させたい部分が一致するので，それだけ重要な情報となっており，「前置き－解説」構造の主題化された後方照応では聞き手に情報の重要性を伝えていることが分かる。

　もう1つのタイプが (45) のような疑問文のものである。

　(45)　A：最近，よく寝坊してしまって困っているんだ。何か良い
　　　　　　方法はないかな。

　　　　B：じゃあ，{この/こんな} 方法はどう？眠る前に起きたい
　　　　　　時間の数だけ枕をたたく。例えば，7時に起きたいなら
　　　　　　7回たたくんだ。そうすれば大丈夫だよ。

　(45) は主題化された後方照応の例であるが，「この (こんな) 方法はどう？」と疑問文となっている。この場合も，単に新情報として「眠る前に起きたい時間の数だけ枕をたたく」ことが聞き手に伝えられている

わけではない。むしろ，「眠る前に起きたい時間の数だけ枕をたたく」ことが重要な情報であるということが聞き手に伝えられ，疑問文の形式でそれについての提案を行っている。よって，このタイプも情報の重要性を伝えるために主題化された後方照応が使用されていると見なすことができる。

## 6. まとめ

　本章ではコ系の指示詞による後方照応を考察の対象として，談話的機能の観点から分析を行った。コ系の指示詞による後方照応には「聞き手に注目させる」という談話的機能が存在すること，コ系の指示詞はその談話的機能を明示的にするために使用されることを主張した。

　また，「この」による後方照応と「こんな」による後方照応の性質の違い，およびそれぞれの後方照応の成立条件について，「定／不定」という指示に関する概念を援用しながら考察した。その結果，「この＋Ｎ」は定の名詞句として機能するのに対して，「こんな＋Ｎ」は不定の名詞句として機能することが明らかになった。「この」による後方照応が成立するためには文構造が「聞き手に注目させる」という談話的機能を持っていなければならないのに対して，「こんな」による後方照応はそのような意味での使用制約はなく，主題化される場合もあることも指摘した。

　最後に，後方照応先の情報の性質の違いという観点から，主題化された後方照応と主題化されていない後方照応の違いについても考察を行った。主題化されていない後方照応は後方照応先が新情報に限られるのに対して，主題化された後方照応は後方照応先が必ずしも新情報とは限らないことを指摘した。そのことから，主題化されていない後方照応は新情報を聞き手に伝えるために使用されるのに対して，主題化された後方照応は情報の重要性を聞き手に伝えるために使用されるという違いがあることを主張した。

　今後の課題としては，まず「聞き手に注目させる」という談話的機能の概念をさらに明確にすることが挙げられる。後方照応と後置文との関係を詳細に検討，考察を加えることにより，「聞き手に注目させる」と

いう談話的機能の概念をさらに明確にすることができ，本章での主張も
より強固なものにすることができる。

　また，主題化と「定／不定」との関係についても議論するべきことが
残されている。本章では「は」の前に使用されると定になると指摘した
が，実際には，次のような例も存在する。

　(46)　A：田中さん|は|いますか。
　　　　B：そんな人はいません。

　(46)の「そんな人」は「は」の前に使用されているが，定の名詞句
とは言えないものである。存在の疑問文に出てくる「は」は必ずしも定
とは言えない可能性がある[21]ので，今後，「は」の問題と「定／不定」と
いう指示に関する概念がどこまで対応するのかを検討しなければならな
い。

　「この」による後方照応の成立条件に関して，文構造が「聞き手に注
目させる」という談話的機能がなければ「この」による後方照応は成立
しないと指摘した。ただし，その場合，文構造が持つ談話的機能とコ系
の指示詞が持つ談話的機能が二重になってしまっている[22]。なぜ「この」
による後方照応が成立するためには二重の談話的機能が必要なのか，ま
た，談話的機能が二重になっていることが何を意味しているのかについ
ても，今後，考察を加える必要がある。

　その他にも，情報の重要性という概念をどのように位置づけるかとい
う問題も残っている。これまでの研究では，情報の重要性という概念と
情報の新旧がほぼ同一のものとして扱われてきており，古い情報は重要
でなく，新しい情報は重要であると捉えられてきた。しかし，情報の重
要性と情報の新旧という概念は同一のものではなく，古い情報で重要な
ものもあれば，新しい情報で重要でないものもある。今後，情報の重要
性という概念の精密化を行うことによって，後方照応と情報構造の関係
をさらに明示的なものにすることができる。

　さらに，後方照応と文体の関係も考えなければならない。後方照応は

---

21　この点に関しては，福田嘉一郎先生からご教示をいただいた。
22　この点に関しては，山口治彦先生からご教示をいただいた。

話し手が不定の名詞句を聞き手に注目させるために使用されるという主張を行った。そのため，後方照応は話し言葉よりもむしろ，小説や新聞といった話し手（書き手）の意図が出やすい書き言葉で使用されやすいという特徴もある。今後，後方照応が書き言葉で使用される場合と話し言葉で使用される場合で違いはないのかということを，後方照応先の情報の長さなども考慮に入れながら慎重に検討しなければならない。

## 現在の視点から

「まえがき」でも述べたが，指示詞に関しては，毎年数多くの研究がなされており，現在でも研究が進んでいる分野と言える。ただ，後方照応に関しては，それほど研究が進んでおらず，当時とほとんど状況が変わっていないのが現状である。

本章では，指示詞「この」と「こんな」による後方照応の違いを分析したが，実際にコ系の指示詞による後方照応がどの程度使用されているのか，また「この」と「こんな」では本当に構文的な違いがあるのかを調査することも可能である。ただし，コーパスを使ってできるのは，「この」や「こんな」が使用された例文を収集するだけである。それが後方照応として使用されているかどうかは，一つ一つ例文を目で確認する必要があることも付け加えておく。

# 第4章　名詞の特定性と事態の現実性

## 1．はじめに

　第3章では，特定かつ不定の名詞句が関係する現象として，コ系の指示詞による後方照応を取り上げ，「聞き手に注目させる」という談話的機能の観点から分析を行った。第3章で扱った名詞句とは対照的に，本章では，不特定かつ不定の名詞句が関係する現象を取り上げる。具体的には，「連体詞「ある」＋名詞」[1] と不定名詞の関係を事態の現実性という観点から取り上げる。本章で議論する内容は第3章とは定性では共通するものの，特定性では異なるものということになる。なぜ不特定かつ不定の名詞句を取り上げるのか，またなぜ「ある＋N」と不定名詞の対立を取り上げるのかということには2つの理由がある。

　1つ目は，聞き手が唯一には同定できないだけでなく，話し手も同定できない名詞句がどのように談話に導入されるのかという点である。第3章で扱った後方照応という現象は，特定かつ不定の名詞句，つまり話し手が唯一に同定でき聞き手が同定できない名詞句に関する現象であった。そして，後方照応は話し手が唯一に同定でき聞き手が同定できない名詞句を聞き手に注目させながら談話内に導入するものとして位置づけた。それでは，不特定かつ不定の名詞句，すなわち聞き手だけでなく，話し手も唯一には同定できない名詞句を談話内に導入する場合，話し手はどのように導入するのかについても考察を行う必要がある。

　2つ目は，第3章でも述べたように，これまでの研究との関係が問題になる。これまでの現代日本語文法に関する研究では，不特定の名詞句に関する研究，および不定の名詞句に関する研究は，管見の限り，それほど進んでいないと言える。特定の名詞句や定の名詞句に比べると，不特定の名詞句や不定の名詞句の方が研究の方法を見つけにくいということも関係しているのかもしれない。そのような状況の中で，不特定かつ不定の名詞句に関する研究として，「ある＋N」と不定名詞の関係を事

---

1　以下では，名詞に連体詞「ある」がついたものを単に「ある＋N」と呼ぶことにする。

態の現実性という観点から考察することにより，新たな研究分野の開拓を行いたいという狙いがある。

　以上のような問題意識を踏まえて，具体的な考察に入っていく。その前に本章で考察の対象とする「ある＋N」と不定名詞の基本的な特徴を観察しておく。

　「ある＋N」と不定名詞は，（1）～（3）からも分かるように，不定であるという点では共通するが，特定であるかどうかで異なる。つまり，「ある＋N」は特定のものを表し，不定名詞は特定ではないものを表すという対立が存在する。

（1）a.　寂しいから，ある人に会いたい。（＝特定）

　　　b.　寂しいから，誰かに会いたい。（≠特定）

（2）a.　お腹が空いた時には，あるものが食べたくなる。それって何だか分かる？（＝特定）

　　　b.　お腹が空いた時には，何かが食べたくなる。それは何でもいいんだけどね。（≠特定）

（3）a.　一緒にあるところに行きませんか？いいところを知っているんです。（＝特定）

　　　b.　一緒にどこかに行きませんか？気晴らしをしましょう。（≠特定）

（1a）（2a）（3a）がいずれも特定の人物・もの・場所を表しているのに対して，（1b）（2b）（3b）はいずれも特定の人物・もの・場所を表しているわけではない。

　（1）～（3）のように，「ある＋N」と不定名詞は基本的には特定であるかどうかで対立を構成するが，（4）や（5）のようにその対立が崩れる文脈も存在する。

（4）a.　このグラウンドは1周が400メートルあります。つまり，例えばある人が5周走ったとすると2キロ走ったことになるわけです。（≠特定）

　　　b.　このグラウンドは1周が400メートルあります。つまり，例えば誰かが5周走ったとすると2キロ走ったことになる

わけです。（≠特定）

（5）a.「うずうず」とは，「<u>あること</u>がしたくて，落ち着かないこと」を表します。（≠特定）

b.「うずうず」とは，「<u>何か</u>がしたくて，落ち着かないこと」を表します。（≠特定）

（4）（5）では「ある＋N」が使用されているにもかかわらず，特定の人物やことを表しているわけではない。特定のものを表しているわけではないので，この場合，「ある＋N」は不定名詞と同じように使用することができる。このことは，言い換えると，不定であるという点で共通する「ある＋N」と不定名詞は，基本的には，特定性で対立を構成するものの，「ある＋N」が特定のものを表すということが解消され，不定名詞と同じように使用できる文脈も存在するということになる。それでは，どのような文脈において「ある＋N」が特定のものを表すことが解消され，不定名詞と同じように使用されるのだろうか。また，「ある＋N」が特定のものを表すことが解消され，不定名詞と同じように使用される場合，「ある＋N」を使用したものと不定名詞を使用したものに違いはないのだろうか。

　本章では，まず「ある＋N」が特定のものを表すことが解消され，不定名詞と同じように使用される文脈に条件表現と「する」という文末形式の2つがあることを指摘する。そして，条件表現と「する」という文末形式に共通する事態の性質，および名詞句の特徴を観察する。次に，事態の性質を手がかりに分析を進め，「ある＋N」が特定のものを表すことが解消され，不定名詞と同じように使用されるのは条件表現の中でも仮定的な条件表現に限られることを指摘する。また，「ある＋N」が使用されたものと不定名詞が使用されたものとの違いを説明するためには，当該の事態が現実的か非現実的かという事態の現実性の概念が有効であることを提示する。そして，「ある＋N」が使用された場合は，話し手が当該の事態の存在や生起をはっきりと想定した現実的なものとなり，不定名詞が使用された場合は，話し手がただ漠然と当該の事態の存在や生起を想定した非現実的なものとなることを主張する。最後に，条

件表現の分析において提示した事態の現実性という概念を「する」という文末形式やモダリティ表現にも援用する。予定や意志を表す表現では当該の事態が現実的なものと非現実的なものの両方があるのに対して，願望や命令を表す表現では現実的なものは存在せず，非現実的なものしか存在しないことを主張する。以上の考察によって，名詞の特定性と事態の現実性との関係が明らかになる。

## ２．「ある＋Ｎ」と不定名詞における名詞の特定性

### ２．１ 「ある＋Ｎ」と不定名詞の基本的な性質

「ある＋Ｎ」と不定名詞は基本的に，（６）〜（８）のように特定的かどうかで対立を構成している。つまり,「ある＋Ｎ」は特定のものを表し，不定名詞は特定のものを表すわけではないという位置づけになる。

（６）a. 寂しいから，<u>ある人</u>に会いたい。（＝特定）

   b. 寂しいから，<u>誰か</u>に会いたい。（≠特定）

（７）a. お腹が空いた時には，<u>あるもの</u>が食べたくなる。それって何だか分かる？（＝特定）

   b. お腹が空いた時には，<u>何か</u>が食べたくなる。それは何でもいいんだけどね。（≠特定）

（８）a. 一緒に<u>あるところ</u>に行きませんか？いい場所を知っているんです。（＝特定）

   b. 一緒に<u>どこか</u>に行きませんか？気晴らしをしましょう。（≠特定）

（６a）（７a）（８a）の「ある＋Ｎ」はいずれも特定の人物・もの・場所を表している。これに対して，（６b）（７b）（８b）の不定名詞はいずれも特定の人物・もの・場所を表しているわけではない。以上の例から，「ある＋Ｎ」と不定名詞は，基本的には特定性において対立を構成していることが分かる。

## 2.2 「ある＋Ｎ」が不定名詞と同じように使用できる場合

しかし，「ある＋Ｎ」が特定のものを表すことが解消され，不定名詞と同じように使用できる場合も存在する。その１つに次のような条件表現がある。

(9) a. このグラウンドは１周が 400 メートルあります。つまり，例えば {ある人／誰か} が５周走ったとすると２キロ走ったことになるわけです。(≠特定)

b. 人生はうまいようにできている。{あるもの／何か} を得れば，{あるもの／何か} を失う。そんなもんさ。(≠特定)

c. もちろん僕に妹がいて，{ある日／いつか} 突然あしかと結婚するなんて言い出したらそれは少し面喰いはするだろうけれど，かといって猛烈に反対するというほどでもない。(カンガルー)(≠特定)

(9) の「ある＋Ｎ」はいずれも特定の人物・もの・時を表しているのではなく，不定名詞と同じような文脈で使用されている。つまり，(9) では「ある＋Ｎ」が特定のものを表すことが解消され，不定名詞と同じように使用できるのである。

また，次のようなものも「ある＋Ｎ」が特定のものを表すわけではない[2]。

(10) a. 「うずうず」とは，「{あること／何か} がしたくて，落ち着かないこと」を表します。

b. 僕はきっといつか必ず困ることがあると思う。でもそんな時には絶対に {ある人／誰か} と巡り合う。ただ今はまだ出会っていないから，早くその人物に会いたい。

c. {ある日／いつか}，原宿の裏通りで僕は 100 パーセントの女の子とすれ違う。そんな予感が僕の頭の中によぎった。

---

[2] (9)(10)以外にも，譲歩を表す表現で「ある＋Ｎ」が特定のものを表すことが解消される。
(ⅰ) たとえ {ある人／誰か} が僕に良いアドバイスをくれたとしても，今の僕はその人のアドバイスを素直に聞くことができない。
(ⅱ) たとえ {ある日／いつか} いろんな偶然が重なって理想の女性と出会ったとしても，その人とうまくいくかどうかは誰にも分からない。それが人生ってものだ。

d. 彼らは僕のところにやってきて，僕と関わり，そして {ある日／いつか} 去っていく。（ダンス）

（9）と同様に，（10）の「ある＋N」も特定のこと・人物・時を表しているのではなく，不定名詞と同じように使用されている。（10）で「ある＋N」が特定のものを表すことが解消されるのには，文末形式が関係している。すなわち，いずれの例も「する」という形式で文が終止しているのである。条件表現だけでなく，「する」という文末形式でも「ある＋N」が特定のものを表すということが解消され，不定名詞と同じように使用されているのである。

## 2.3 「ある＋N」が特定のものを表すことが解消される場合の特徴

以上の例を総合すると，「ある＋N」が特定のものを表すことが解消される場合の特徴として次の二点が指摘できる。

まず，第一点目は事態の性質についてである。（9）の条件表現の例，（10）の「する」という文末形式の例のいずれの文末もタ形になっておらず，当該の事態がまだ起こっていないことが分かる。よって，当該の事態が未実現であるということが，「ある＋N」が特定のものを表すことが解消される要因となっているのである。

第二点目は名詞句の特徴についてであるが，「ある＋N」が特定のものを表すことが解消されるので，もちろん当該の名詞句は特定のものではない。（9）（10）のいずれの例においても，「ある＋N」と不定名詞は，例えば山田さんや3月30日といった具体的な人物・もの・場所・時を表しているのではない。

未実現の事態で具体的な人物・もの・こと・場所・時が定まっていない場合，「ある＋N」が特定のものを表すことが解消されることを図式化すると，次のようになる。

第4章　名詞の特定性と事態の現実性

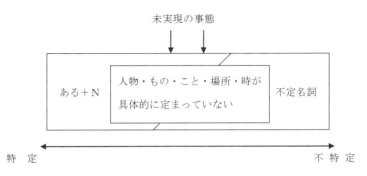

図1　「ある＋N」が特定のものを表すことが解消される図

　「ある＋N」と不定名詞は基本的には特定的かどうかで対立している。しかし，未実現の事態で具体的な人物・もの・こと・場所・時などが定まらなくなった際に，「ある＋N」が特定のものを表すことが解消されるのである。

## 2.4　「ある＋N」が特定のものを表すことが解消される理由[3]

　それでは，なぜ「ある＋N」が特定のものを表さず，不定名詞と同じような働きをするのだろうか。

　本研究では，次のように考える。「ある＋N」が表す特定のものと不定名詞が表す不特定のものは，現実世界においてはその対立が明確になっている。しかし，条件表現や「する」という文末形式で表される未実現の世界ではその関係が崩れる場合も存在する。現実世界はただ1つの世界であるので，人物・もの・場所・時も明確な指示対象を持ち，特定と不特定は指示対象の有無という明確な対立を持ち得る。これに対して，条件表現や「する」という文末形式で表される未実現の世界は，そもそも可能性の1つとしての世界であるので，本来的に不特定性を備えていると言える。つまり，特定であったとしても，その指示するものは可能性としての指示物にすぎない。これは特定されていないということと極めて近似するため，「ある＋N」が特定のものを表すことが解消される

---
3　本節の内容は木下りか先生からのご教示による。

のであろう。

　以上のことを踏まえた上で，以下では条件表現を手がかりに，「ある＋Ｎ」が特定のものを表すことが解消される場合の事態の性質をさらに詳しく確認していく。

## ３．条件表現について

　２．２で「ある＋Ｎ」が特定のものを表すことが解消される場合の一つとして条件表現があることを指摘した。しかし，条件表現ならどのような場合でも，「ある＋Ｎ」が特定のものを表すことが解消されるわけではない。例えば，（11）（12）では，「ある＋Ｎ」が特定のものを表すことが解消されることはない。

> （11）a. 高校時代，学校に行くと，いつもある人が門の前に立っていた。（＝特定）
>
> 　　　 b. 高校時代，学校に行くと，いつも誰かが門の前に立っていた。（≠特定）
>
> （12）a. 春になったら，決まってある場所に行きたくなる。（＝特定）
>
> 　　　 b. 春になったら，決まってどこかに行きたくなる。（≠特定）

（11a）（12a）の「ある＋Ｎ」は特定の人物・場所であるが，(11b)（12b)の不定名詞は特定の人物・場所ではない。つまり，（11）（12）のような条件表現では，「ある＋Ｎ」が特定のものを表すことが解消されることはない。それでは，どのような条件表現で「ある＋Ｎ」が特定のものを表すことが解消されるのであろうか。以下では，２．３で提示した未実現の事態ということを条件表現における事態の性質に捉え直して分析を進める。

## ３．１　事態の事実性

　条件表現における事態の性質について，これまでの研究では当該の事態が実現しているかどうかがしばしば問題にされてきた。すなわち，当該の事態が実現していれば事実的，実現していなければ仮定的という位置づけになる。これらの分類を以下では，便宜上，事態の事実性と呼ぶ

ことにする。

(13) a. 部屋に入ったら，彼がすでに待っていた。（＝事実的）

b. もし明日雨が降ったら，ピクニックは中止にしよう。
（＝仮定的）

（13a）では当該の事態はすでに起こっており，事実的な用法として位置づけられる。これは文末が「待っていた」となっていることからも確認できる。これに対して，（13b）は当該の事態はまだ起こっておらず，仮定的な用法となる。これは「もし」という副詞があることからも確認できる。

ここで（9）に戻ると，「ある＋N」が特定のものを表すことが解消される条件表現は，いずれも，仮定的な条件表現であることが分かる。つまり，条件表現で未実現の事態を表すのは仮定的な条件表現となるのである。

それでは，「ある＋N」と不定名詞の両方が同じように使用できる場合，両者に違いはないのだろうか。以下では，その違いを導き出すのに必要な事態の現実性という概念を導入する。

## 3.2　事態の現実性

条件表現における事態の性質について，3.1では事態の事実性という概念を導入した。条件表現における事態の性質に関しては，事態の事実性とは別に，事態の現実性という概念も存在する。これまでの事態の現実性に関する研究では，Akatsuka（1985）が realis と irrealis という対立を提示している。それによると，realis には X が存在することを知っている場合が含まれるのに対して，irrealis には3つの場合が含まれる。その3つの場合とは，①X が存在することを知るようになった場合，つまり新たに得た情報を表す場合，②X が存在することを知らない場合，③X が存在しないことを知っている場合，すなわち反事実を表す場合である。このことを図示すると，次のようになる。

| realis （現実） | irrealis （非現実） | | |
|---|---|---|---|
| Xが存在するこ<br>とを知っている | Xが存在すること<br>を知るようになる | Xが存在する<br>ことを知らない | Xが存在しない<br>ことを知っている |
| | ↑ | | ↑ |
| | 新たに得た情報 | | 反事実 |

図2 Akatsuka（1985）による realis と irrealis

しかし，本章で考察している「ある＋N」が特定のものを表すことが解消される例では，いずれもXの存在を知らないので irrealis の領域に含まれることになり，両者に違いは生じない。そこで，本稿での事態の現実性を次のように規定しておく。

> **事態の現実性という概念の規定**
>
> 事態の現実性：話し手が当該の事態の存在や生起をはっきり想定しているかどうか

話し手が当該の事態の存在や生起をはっきりと想定している場合，その事態は現実的となる。一方，そのような想定がなく，ただ漠然と考えている場合にはその事態は非現実的となるのである。

## 3．3 事態の事実性と事態の現実性との関係

本節では，事態の事実性と事態の現実性のそれぞれの性質についてまとめておく。

3．1で提示した事態の事実性は，当該の事態がすでに起こっているかどうかが問題となっていた。事態の事実性は話し手の判断などが関わっていないので，客観的に捉えることができ，事態そのものの性質として位置づけることができる。これに対して，3．2で提示した事態の現実性は，話し手が当該の事態の存在や生起を想定しているかどうかが問題となる主観的なものである。つまり，事態の現実性とは話し手による

事態の捉え方として位置づけることができる。

> ### 事態の事実性と事態の現実性の違い
> 　事態の事実性：事態そのものの性質
> 　事態の現実性：話し手による事態の捉え方

　次に，事態の事実性と事態の現実性の対応関係についてまとめる。
　事態の事実性という観点で事態を分類すると，事実的なものと仮定的
なものの2つがあった。そのうち事実的として位置づけられたものは，
当該の事態がすでに起こっているので，事態の現実性という観点でも現
実的なものとして考えられる。すでに起こった事態については，話し手
は現実的にしか捉えることができないというわけである。一方，仮定的
なものとして位置づけられたものは，当該の事態がまだ起こっておらず，
事態の現実性という観点から，現実的なものと非現実的なものの両方が
考えられる。まだ起こっていない事態について，話し手はそれを現実的
なものとして捉えることもできれば，非現実的なものとして捉えること
もできるのである。これは例えば，何かを仮定する時のことを考えると
分かりやすい。何かを仮定する場合に，話し手が頭の中でよりはっきり
と事態の存在や生起を想定する場合もあれば，ただ漠然と事態の存在や
生起を想定する場合もある。よりはっきりと事態の存在や生起を想定す
る場合は現実的なものとなり，ただ漠然と事態の存在や生起を想定する
場合は非現実的なものとなる。
　以上をまとめると，次の表1のようになる。

### 表1　条件表現における事態の性質

| 事 態 の 事 実 性 | 事 態 の 現 実 性 |
|:---:|:---:|
| 事　実　的 | 現　実　的 |
| 仮　定　的 | |
| | 非　現　実　的 |

3．1で指摘したように，仮定的な条件表現では，「ある＋N」が特定のものを表すことが解消される場合がある。その際，「ある＋N」が使われたものは現実的な事態を表しており，不定名詞が使われたものは非現実的な事態を表していると考えられる。このことを表としてまとめたものが次の表2である。

表2　「ある＋N」が特定のものを表すことが解消される場合

| 使用される名詞 | 事態の現実性 |
|---|---|
| ある＋N | 現実的 |
| 不定名詞 | 非現実的 |

　「ある＋N」と不定名詞は本来的には，「ある＋N」が特定のものを表し，不定名詞が不特定のものを表すという特定性の対立を持っているが，「ある＋N」が特定のものを表すことが解消される場合もある。ただし，その場合でも，当該の事態が現実的かどうかという対立が依然として存在しており，「ある＋N」が使用されたものは現実的な事態を表し，不定名詞が使用されたものは非現実的な事態を表すのである。

## ３．４　名詞の特定性と事態の性質

　本節では，「ある＋N」が特定のものを表すことが解消される場合，「ある＋N」が使用されたものは現実的な事態を表し，不定名詞が使用されたものは非現実的な事態を表すという主張をより強固なものにするために，いくつかの現象を提示しながら議論を進める。実際に仮定的な条件表現の分析に入る前に，事実的な条件表現についても簡単に触れておく。

　事実的な条件表現では，「ある＋N」は使用できるが不定名詞は使用しにくいという特徴が存在する。

（14）a.　最愛の妃ヘロディスを何者かに連れ去られたサー・オルフェオは探索の旅に出ます。{ある時／??いつか}，丘の中

腹にある穴に入っていく不思議な一団についていくと，ヘロディスがいます。（憧れ）

b. 会議中，いつになく静かだった。しかし{ある人／ ?? 誰か}が発言をすると，それをきっかけにみんなが意見を言い出した。

　これらの例はいずれも，当該の事態はすでに実現しており，その点では事実的であると言える。この場合，不定名詞よりも「ある＋N」の方がなじみやすいという特徴が観察される。よって，事実的なものは現実的なものとして位置づけた先程の表1と「ある＋N」が使われる時は現実的な事態とした表2の妥当性が確認できる。

　ここで，「ある＋N」が特定のものを表すことが解消される条件表現の例をもう一度，確認しておく。

(15) a. このグラウンドは1周が400メートルあります。つまり，例えば{ある人／誰か}が5周走ったとすると2キロ走ったことになるわけです。

b. 人生はうまいようにできている。{あるもの／何か}を得れば，{あるもの／何か}を失う。そんなもんさ。

c. もちろん僕に妹がいて，{ある日／いつか}突然あしかと結婚するなんて言い出したらそれは少し面喰いはするだろうけれど，かといって猛烈に反対するというほどでもない。（カンガルー）

d. 私はジュースを飲みながら何となくそれを眺め，もし{ある日／いつか}急にあの人がやめてしまったら，つまらないだろうな，と思った。（とかげ）

　仮定的な条件表現で「ある＋N」と不定名詞の両方が同じように使用できる場合，「ある＋N」が使用されたものは現実的な事態を表しており，不定名詞が使用されたものは非現実的な事態を表していると主張した。ここでその根拠となる現象を2つ提示する。

　まず1つ目は，当該の名詞句についてその後の発話でも言及する場合には，「ある＋N」は使用できるが不定名詞は使用しにくくなるという

ものである。

(16) a. （心理テストで）今あなたの目の前に｛ある人／? 誰か｝
がいるとしたら，その人はどんな人ですか。

b. あなたが森の中を歩いています。そして｛ある人／?? 誰か｝
に出会うと仮定します。その人は一目であなたのことを気
に入ります。

（16a）の場合，「ある＋N」が使用されたものと不定名詞が使用され
たものを比べると，「ある＋N」の方がやや許容度が高いように思われる。
さらに詳しくその違いを示したものが（16b）である。（16b）では，「仮
定する」という述語が使用されていることからも分かるように，条件表
現とのつながりが非常に強いものとなっている。（16b）は（16a）より
もさらに，「ある＋N」が使用されたものの許容度が高くなっている。
これは後の文脈で当該の人物のことを話題にしており，話し手の頭の中
で当該の事態の生起が強く想定されていることが要因となっている。

2つ目は1つ目とは反対の現象を取り上げる。それは，仮定的な性質
を強くすると不定名詞は使用できるが，「ある＋N」は不定名詞と同じ
ようには使用しにくくなるという現象である[4]。

(17) a. こんなところに穴が開いている。もし万が一｛# ある人／
誰か｝が落ちたらどうするんだ[5]。

b. 世の中は何が起こるかわからない。もし｛# あること／何か｝
が起こったらいけないので，常に備えは必要だ。

---

4　反事実的条件文では，具体的な人物・もの・場所・時が定まっていない名詞句を表す際
に不定名詞の方が使用しやすい。これは当該の事態が事実的なものでも，非現実的なもの
として扱いたいという現れを反映したものと考えられる。

(iii) もし｛いつか／＊ある日｝彼の助言に従っていたら，今は違った生活を送ってい
たのに。

(iv) もしあの時，｛誰か／# ある人｝が助けてくれていたら，今はもっと楽になってい
たのに。

この考え方が妥当ならば，事態の事実性で事実的と位置づけられるものの中にも現実的な
ものと非現実的なものの両方があることになり，「ある＋N」と不定名詞の対応関係を示し
た表の妥当性も高くなるが，現段階では反事実的条件文の扱いは保留にしておく。

5　ここで#を使用しているのは，不定名詞が使用されているのと同じ文脈，つまり特定的
でない文脈では使用できないことを表すためである。

c. もし君が{??ある日／いつか}イメージチェンジをするなら，僕もしよう。

（17a）（17b）のように，「もし」や「万が一」といった実現する可能性が低いことを表す副詞句を共起させると，不定名詞は使用できるが，「ある＋Ｎ」は特定の人物・ものを表すことしかできなくなる。つまり，仮定的な条件表現であるにもかかわらず，「ある＋Ｎ」と不定名詞が本来持っている特定性の対立が保持されており，「ある＋Ｎ」を不定名詞と同じように使用することは難しくなる。また，仮定性が色濃く現れる「なら」形式を用いた（17c）でも，不定名詞の方が使用しやすいという特徴が現れる。

以上のことから，事実的な条件表現や後の文脈で当該の名詞句に言及する場合は「ある＋Ｎ」の方が使用されやすく，仮定性を高めると不定名詞の方が使用されやすいことが分かった。これはまさに，「ある＋Ｎ」が使用されると現実的な事態となり，不定名詞が使用されると非現実的な事態となることを主張した証拠となり得る。

以下では，条件表現で提示した成果をモダリティ表現にも応用する。

## ４．モダリティ表現への応用

条件表現だけでなく，「する」という文末形式でも，「ある＋Ｎ」が特定のものを表すことが解消される場合が存在する。

（18） a.「うずうず」とは，「{あること／何か}がしたくて，落ち着かないこと」を表します。

b. 僕はきっといつか必ず困ることがあると思う。でもそんな時には絶対に{ある人／誰か}と巡り合う。ただ今はまだ出会っていないから，その人物に早く会いたい。

c.{ある日／いつか}，原宿の裏通りで僕は100パーセントの女の子とすれ違う。そんな予感が僕の頭の中によぎった。

d. 彼らは僕のところにやってきて，僕と関わり，そして{ある日／いつか}去っていく。（ダンス）

２．３で指摘したように，「する」という文末形式で「ある＋Ｎ」が特

定のものを表すことが解消されるのは未実現の事態であった。よって，
（19）（20）のように，文末をタ形に変更した際には，「ある＋N」が特
定のものを表すことが解消されるという現象は生じない。

（19）a. 僕は過去に困ることがあった。でもそんな時には絶対にあ
る人と巡り合った。（＝特定）

b. # 僕は過去に困ることがあった。でもそんな時には絶対に
誰かと巡り合った。（≠特定）

（20）a. 彼らは僕のところにやってきて，僕と関わり，そしてある
日去っていった。

b. ?? 彼らは僕のところにやってきて，僕と関わり，そして
いつか去っていった。

（19a）の「ある＋N」は特定の人物を表しているのに対して，（19b）
の不定名詞は特定の人物を表しているのではなく，必ず巡り合う人物が
いたということのみを表している。また，（20）では「ある＋N」の方
が許容度が高いという許容度の差が生じるのみであり，「ある＋N」が
特定のものを表すことが解消されるわけではない。文末をタ形に変更し
た2つの例のいずれにしても，「ある＋N」が特定のものを表すことが
解消されるという現象は観察されない。

ただし，未実現の事態であればどのような場合でも，「ある＋N」が
特定のものを表すことが解消されるわけではない。「ある＋N」が特定
のものを表すことが解消されるのは，あくまで文末が「する」という形
式のみである。

（21）a. ある日戦争が 起きる 。そして多くの市民が犠牲になる。

b. いつか戦争が 起きる 。そして多くの市民が犠牲になる。

（22）a. ?? ある日戦争が 起きるだろう 。そして多くの市民が犠牲
になるだろう。

b. いつか戦争が 起きるだろう 。そして多くの市民が犠牲に
なるだろう。

（21）は文末が「起きる」となっているので，「ある＋N」が特定のも
のを表すことが解消され，「ある＋N」と不定名詞が同じように使用さ

れている。これに対して，(22) は文末が「起きるだろう」となっているので，「ある＋N」が特定のものを表すことが解消されず，「ある＋N」の許容度が下がっている。それでは，なぜ「ある＋N」が特定のものを表すことが解消されるのが「する」という文末形式に限られるのだろうか。

この現象をさらに理解するために，森山 (2000) の記述を援用する。森山 (2000) は独立終止系の形態として終止形・意志形・命令形・「だろう」の4つを設定し，基本叙法と名付けている。終止形とそれ以外は無標叙法，有標叙法で対立し，有標叙法は「非現実」を表すという指摘がある。

この指摘は「ある＋N」が特定のものを表すことが解消される場合にも当てはまる。意志を表す形式には「する」形式と「しよう」形式の両方が存在するが，「ある＋N」が特定のものを表すことが解消されるのは，あくまで「する」形式のみであり，「しよう」形式では対立は崩れない[6]。

(23) a. いつか必ず海外に 行く 。そしてそこで成功してみせる。
　　　（≠特定）

　　 b. ある時必ず海外に 行く 。そしてそこで成功してみせる。
　　　（≠特定）

(24) a. いつか必ず海外に 行こう 。そしてそこで成功してみせる。

　　 b. ??ある時必ず海外に 行こう 。そしてそこで成功してみせる。

(25) a. 明日は暇だから，誰かに 会おう 。そしてその人に悩みを相
　　　談しよう。（≠特定）

　　 b. # 明日は暇だから，ある人に 会おう 。そしてその人に悩み
　　　を相談しよう。（＝特定）

(23) では文末が「する」形式になっており，「ある＋N」が特定のものを表すことが解消されている。しかし，同じように意志を表す形式でも，「しよう」は (24) のように不定名詞の方が使用しやすくなるか，(25)

---

6　実際には，意志を表す表現よりも，(21) のような予定を表す表現の方が「ある＋N」が特定のものを表すことが解消されやすい。つまり，意志よりも予定を表す表現の方が，現実的な事態と非現実の事態の対立を構成しやすいのである。

のように「ある＋N」と不定名詞が本来持っている特定性が保持されるかのどちらかである。つまり，「しよう」形式では「ある＋N」が特定のものを表すことが解消されるような現象は起こらないことになる。

　また，命令を表す形式では「しよう」の場合と同様に，不定名詞の方が使用しやすくなるか，「ある＋N」と不定名詞が本来持っている特定性が保持されるかのどちらかとなる。

（26）a. できないことは後回しにしてもいいです。でも いつか
　　　　　　 しなさい よ。
　　　 b. ?? できないことは後回しにしてもいいです。でも ある時
　　　　　　 しなさい よ。
（27）a. この書類は非常に重要だから，なくさないようにして，ク
　　　　　　 ラスの 誰か に 渡せ 。それは誰でもいいぞ。（≠特定）
　　　 b. # この書類は非常に重要だから，なくさないようにして，
　　　　　　 クラスの ある人 に 渡せ 。それはこのクラスの委員長の田
　　　　　　 中君だ。（＝特定）

つまり，命令を表す形式でも「ある＋N」が特定のものを表すことが解消されるような現象は観察されないことになる。

　同様のことが願望を表す形式にも当てはまる。

（28）a. いつか 海外に 行きたい な。そしてゆっくりと休みたい。
　　　 b. ?? ある時 海外に 行きたい な。そしてゆっくりと休みたい。
（29）a. 寂しいから， 誰か に 会いたい な。（≠特定）
　　　 b. # 寂しいから， ある人 に 会いたい な。（＝特定）

（28）（29）でも「ある＋N」が特定のものを表すことが解消されるような現象は観察されない。

　以上をまとめると，「ある＋N」が特定のものを表すことが解消される現象は「する」という文末形式のみで起こることが分かる。同じように意志を表していても，文末が「する」という形式では，「ある＋N」が特定のものを表すことが解消されるが，「しよう」という形式では「ある＋N」が特定のものを表すことが解消されない。また，同じモダリティの表現であっても，命令や願望の表現では，「ある＋N」が特定のも

のを表すことが解消されることは起こらない。

　本節の内容をまとめると，次のようになる。意志の表現では現実的な事態と非現実的な事態の区別が存在し，それが「する」という文末形式では「ある＋Ｎ」と不定名詞の使い分けという形で反映される。しかし，「しよう」という文末形式では非現実的な事態しか存在しない。また，命令や願望の表現では現実的な事態と非現実的な事態の区別が存在せず，非現実的な事態しか想定できないのである。

## 5．まとめ

　不定であるという点で共通する「ある＋Ｎ」と不定名詞は，基本的には特定的かどうかで対立している。しかし，条件表現や「する」という文末形式が用いられた場合に「ある＋Ｎ」が特定のものを表すことが解消される。「ある＋Ｎ」が特定のものを表すことが解消される場合，事態の特徴としては未実現であること，名詞句の特徴としては具体的な人物・もの・こと・場所・時が定まっていないことを指摘した。また，「ある＋Ｎ」が特定のものを表すことが解消される場合に，事態の現実性という概念が有効であることを主張した。「ある＋Ｎ」が使用された場合は当該の事態がより現実的で，不定名詞が使用された場合は当該の事態が非現実的であるという主張を行った。

　さらに，モダリティ表現にも事態の現実性という観点は有効であり，意志を表す表現には話し手が当該の事態の生起を想定している現実的なものと，そのような想定がない非現実的なものがあることを主張した。しかし，願望・命令などの表現では，話し手が当該の事態の生起を想定した現実的なものは存在せず，非現実的なものしか存在しないことも確認した。以上の考察により，名詞の特定性と事態の現実性が相関することが確認された。

　今後の課題としては，事態の現実性という概念の精度を高めることが挙げられる。また，条件表現以外の接続形式でも，「ある＋Ｎ」が特定のものを表すことが解消される現象は生じるのかといった問題も考察しなければならない。「ある＋Ｎ」と不定名詞の対立が崩れる場合の条件

として，「する」という文末形式が関係していることを指摘した。この場合，真性モダリティを持たないものとの関連を考える必要がある[7]。つまり，真性モダリティを持たない表現の場合，モダリティが生じず，「ある＋N」が特定のものを表すことが解消されるのではないかということである。今後，「する」という文末形式とモダリティとの関係についても本格的に考察を行わなければならない。

## 現在の視点から

第3章で取り上げた後方照応と同様，名詞の特定性と事態の現実性に関する分析もそれほど研究が進んでいないのが現状である。第2章でも述べたが，特定性に関しては，部分的には論文が出されているが，それを事態の現実性に結びつけて論じているものはほぼ皆無である。

また，「誰か」「何か」「いつか」といった不定名詞に関しては，以前はいくつかの論考があったが，近年はかつてと比べると目立った論考も見られない。

現在の視点からは，「誰か」「何か」「いつか」などの不定名詞や連体詞「ある」がどの程度現実性と関係しているのかを調査することができる。具体的には，不定名詞や連体詞「ある」が使用された例文を収集して，その文末形式を調査することによってそれが可能となる。その作業を通して，本章で主張したことの妥当性が検証されることになる。

---

7　この点に関しては，福田嘉一郎先生からご教示をいただいた。

# 第5章　連体詞「ある」の意味・機能

## 1．はじめに

　本研究の2つ目の柱として，不定を表す限定詞を取り上げる。本章では連体詞「ある」，第6章では「一つの」「一人の」といった「一＋助数詞＋の」を考察の対象とする。

　連体詞「ある」や「一＋助数詞＋の」といった日本語の不定を表す限定詞は，一見すると，英語の不定冠詞のような働きをすると考えられる。連体詞「ある」や「一＋助数詞＋の」の用法を観察すると，たしかに英語の不定冠詞と重なる用法もある。しかし，英語の不定冠詞と全く同じ用法を持つわけではなく，日本語の不定を表す限定詞独自の用法も考えられる。そこで，本章と第6章では，日本語の不定を表す限定詞の独自の用法を探りたい。まず，本章では連体詞「ある」を考察の対象として，その用法記述を行い，それぞれの用法の特徴をまとめる。また，それぞれの用法間のつながりを連体詞「ある」の意味や機能を考慮に入れながら考察する。以上の作業によって，これまでほとんど研究されることのなかった不定を表す連体詞「ある」の用法や意味・機能ということが明らかになる[1]。

　連体詞「ある」は指示詞や他の連体修飾成分と同様に，何らかの意味で当該の名詞句を限定する働きを持っていると言えるが，他の連体修飾成分とは異なり，（1a）のような連体修飾成分が行う「属性付与」といった限定は行わない。

　（1）a．若い女性が来た。

　　　 b．ある女性が来た。

　（1a）における「若い女性」は女性という集合に対して若いという属性を付与することによって限定を行っている。これに対して，（1b）の「ある女性」は「ある」という属性を付与することによって限定しているわ

---

1　連体詞「ある」は存在動詞「ある」とつながりを持つと考えられるが，その意味が薄れており，各用法間のつながりは見つかりにくくなっていることも付け加えておく。

けではない。

　また，連体詞「ある」は情報量が少ないために，当該の名詞句に対して何らかの情報を付加するといった限定は行わない。

（２）a. 昨日，ある先生がここに来ました。

　　　 b. 昨日，先生がここに来ました。

（２a）の「ある先生」と（２b）の「先生」を比べてみると，連体詞「ある」を用いた（２a）が「先生」に対して何らかの情報を付加するものではないことが分かる。それでは，連体詞「ある」はどのような限定を行っているのだろうか。

　さらに，連体詞「ある」には次の例に見られるように，多種多様な用法が存在する。

（３）a. 私はある人の影響をずっと受けています。それは田中先生です。

　　　 b. 私はある人の影響で研究の世界に入りました。今でもこの世界に入ったことは後悔していません。

　　　 c. このグラウンドは１周が 400 メートルあります。つまり例えばある人が５周走ったとすると２キロ走ったことになるわけです。

　　　 d. 結婚に対する考え方は人によって大きく異なる。ある人は幸せの始まりと捉え，逆にある人は不幸の始まりと捉える。

　　　 e. このコーナーでは毎回ある人を取り上げて，その人物の生涯に詳しく迫ります。

（３）の連体詞「ある」が全て同じ役割を果たしているわけではない。それでは，（３）のそれぞれの例において，連体詞「ある」はどのような働きを行っているのだろうか。

　本章では，まず連体詞「ある」に関する先行研究を概観し，連体詞「ある」の用法記述を行う。次に，それぞれの用法間のつながりを，連体詞「ある」の意味や機能と関連づけながら説明を加える。以上の作業によって，これまでの研究ではほとんど問題にされてこなかった連体詞「ある」の全体像を明らかにすることが可能となり，日本語での不定を表す限定詞

の働きが明確になる。

## 2．これまでの研究と問題の所在

　連体詞「ある」に関する先行研究は，管見の限りでは，それほど数が多くない。本節では金水（1986b）と松本（1999b）を取り上げ[2]，その内容を概観した上で，問題提起を行う。

### 2．1　連体詞「ある」に関する先行研究

#### 2．1．1　金水（1986b）

　金水（1986b）は名詞を修飾する成分の働きについて考察しており，連体修飾成分の機能として「限定」，「情報付加」，「存在化」という３つを提示している。「限定」とは「修飾される名詞の表す集合を分割し，その真部分集合を作り出す働き」（金水 1986b:606）であり，「情報付加」とは「非限定的な連体修飾成分の機能」（金水 1986b:606）である。また，「存在化」は「指示対象が特定の個体であることを示し，名詞句によって指示される個体が「存在」することを聞き手に知らせる働き」と指摘している。このことを次の例から確認する。

（４）a. 焼いた魚を食べた。（＝限定）[3]

　　　b. 人のために尽くす心が大切だ。（−限定）

　　　c. すぐにかっとなる彼の性格は昔のまま変わらない。（＝情報付加）

　　　d. さっきの男は，ぼくの大学時代の友人だよ。（＝存在化）

　（４a）（４b）は「限定」の例，（４c）は「情報付加」の例，（４d）は「存在化」の例となる。「限定」を行っている（４a）（４b）では，連体修飾成分を取り除くと意味が変わってしまうことが指摘されている。

（５）a. ＃魚を食べた。

---

2　「ある」に関する先行研究は金水（1986b）や松本（1999b）以外にも，「ある」の用法を記述した森田（1989），「ある」の統語的位置に関する分析を行った松本（1999a）などがある。
3　「限定」，「情報付加」，「存在化」の区別を記したのは筆者による。

　　　　b.  # 心が大切だ。

　（4a）から「焼いた」という連体修飾成分を取り除いた（5a）は元の（4
a）とは意味が変わっていることが分かる。また，（5b）も同様に，元の（4
b）とは意味が変わっている。これに対して，「情報付加」を行っている
（4c）は，連体修飾成分を取り除いても基本的には意味が変わらないこ
とが指摘されている。

　　（6）彼の性格は昔のまま変わらない。

　（4c）から「すぐにかっとなる」という連体修飾成分を取り除いた
（6）は元の（4c）とは基本的には意味が変わっていない。つまり，（4c）
における「すぐにかっとなる」という成分は「彼の性格」がどのような
ものであるかということを補足的に説明しているだけなのである。これ
が「情報付加」の特徴である。

　「存在化」を行っている成分は，「さっきの」を取り除くと意味が全く
変わってしまうので，「情報付加」ではないことは明らかである。

　　（7）# 男は，ぼくの大学時代の友人だよ。

　しかし，（4d）の「さっきの」は「限定」を行っているわけではない。
なぜなら，「さっきの男」は定指示の解釈しかなく，不定指示や総称指
示の解釈はできないからである。「さっきの」は「男」の部分集合を作
るようには働かず，指示対象が特定の個体であることを示しているので
ある。

　本章で考察の対象となる連体詞「ある」に関しては，「存在化」を行い，
話し手が「その個体が存在する」ことと「聞き手がその対象を知らない」
ことをともに知っている時に使用されるという記述がある。


## 2.1.2 松本 (1999b)

　次に，松本（1999b）を取り上げる。松本（1999b）は連体詞「ある」
と「某」について，主に意味論的な観点から考察を行っている。そこに
は，連体詞「ある」に関して数多くの興味深い指摘がある。松本（1999b）
の指摘は大きく分けると3つにまとめることができる。

　1つ目は連体詞「ある」と「定／不定」と「特定／不特定」という指

示に関する概念との関係である。松本（1999b）は「定／不定」「特定／不特定」という概念を導入し，「定／不定」は「聞き手」を中心とした区分，「特定／不特定」は「話し手」を中心とした区分と分類している。また，「定」と「不定」は指示対象を聞き手が知っている（という想定を話し手が持っている）かどうかで決まり，「特定」と「不特定」は名詞句が指示する（現実世界における唯一特定の）対象を話し手が知っているかどうかで決まるとされている。次の例でそれを確認する。

（8）a. 僕に｛『春琴抄』／あの本｝を貸してくれ。（定）（特定）
　　　 b. 昨日｛運送屋／ある人｝が本を届けに来た。（不定）（特定）
　　　 c. 誰か呼んで来て。（不定）
　　　 d. 犬でも飼いたいね。（不定）

（8a）は定かつ特定，（8b）は不定かつ特定，（8c）（8d）は不定の解釈となる。そして，「ある＋N」は，不定の解釈が強制されるが，必ずしも特定の解釈は強制されないことを指摘している。

（9）a. ある人にこれを渡してください。
　　　 b. むかしむかしあるところに，おじいさんとおばあさんがおりました。

（9）はいずれも不定の解釈となるが，（9a）の「ある人」が不定かつ特定の解釈となるのに対して，（9b）は特定の解釈とはならない。そして，（9b）のように特定の解釈とならないのは，非現実世界の指示対象を表すときであるという指摘がある。このことから，連体詞「ある」は不定の連体詞であるが，特定の連体詞ではないと位置づけている。

　2つ目は連体詞「ある」の指示対象についてである。松本（1999b）は連体詞「ある」の指示対象は単一であり，単一であれば個体に限らず，集合を指示対象とする名詞でも主名詞とすることが可能であると指摘している。

（10）a. ある男達によって，絶体絶命の危機は回避された。
　　　 b. ある二人組の漫才コンビが，記念パーティーに招かれた。
　　　 c. ＊ある二人の漫才師が，記念パーティーに招かれた。

（10）は連体詞「ある」の後の名詞句がそれぞれ「男達」「二人組の漫

75

才コンビ」「ある二人の漫才師」となっており，一見すると，いずれの例も複数を表しているかのように思える。しかし，(10a)(10b)は「男達」「二人組の漫才コンビ」と単一のものとして捉えているのに対して，(10c)は単一としては捉えていない。この違いが連体詞「ある」の許容度の差となって現れるのである。

3つ目は，連体詞「ある」の機能である。連体詞「ある」の機能は，主名詞の表す集合から一要素を抜き出し，それを指示対象とすることであり，要素のレベルは，個体でも，個体の集合でも，「種」でも構わないという記述がある。

## 2.2　問題の所在

金水（1986b）で主張されていることに対する問題点として，まず「存在化」という概念が他の連体修飾成分が行う「存在化」と同一であるのかということが考えられる。これは，言い換えると，「さっきの男」における「さっきの」が行う「存在化」と連体詞「ある」が行う「存在化」とが一致するのかどうかということになる。このことから，金水（1986b）で提示されている「存在化」という概念の内容を具体化する必要があることが分かる。

また，金水（1986b）では，連体詞「ある」の使用条件は指摘されているが，それ以外にも連体詞「ある」について考察すべきことは残っていると思われる。例えば，連体詞「ある」が持つ特徴，あるいは情報量が少ないのになぜ連体詞「ある」が使用されるのかといったことについては，あまりまとまった記述がされているとは言えない。

さらに，松本（1999b）で非現実世界の指示対象を表すとき，連体詞「ある」は特定の解釈にならないという指摘があったが，非現実世界でなくても特定の解釈にならない場合も存在する。また，連体詞「ある」の機能について，主名詞の表す集合から一要素を抜き出し，それを指示対象とすることと指摘していた。しかし，連体詞「ある」の機能はこれだけでなく，談話的機能や構文的機能も存在する。

以上のことを踏まえた上で，次節では，まず連体詞「ある」の用法記

第5章　連体詞「ある」の意味・機能

述を行う。具体的には，聞き手に注目させる用法，聞き手に配慮する用法，現実性を表す用法，構文的な用法，変項を表す用法という5つを提示する。そして，それぞれの用法の特徴も併せて記述する。次に，連体詞「ある」の5つの用法のつながりを連体詞「ある」の意味や機能を考慮に入れながら考察する。以上の作業によって，これまでの研究ではほとんど問題にされてこなかった連体詞「ある」の全体像を明らかにすることが可能となる。

## 3．連体詞「ある」の用法
　本節では，連体詞「ある」のさまざまな用法の記述を行うとともに，それぞれの用法の特徴を指摘する。

### 3．1　聞き手に注目させる用法
　連体詞「ある」の用法として，まず次の例を取り上げる。
　　(11)　a.　私は<u>ある人</u>の影響をずっと受けています。それは田中先生
　　　　　　　です。
　　　　　b.　そんな或る日，私は息子がしきりに<u>ある言葉</u>を口にしてい
　　　　　　　るのに気附いた。それは，"うあい，うあい"という言葉
　　　　　　　だった。（広場2）
　　　　　c.　二日ばかりたって，エヌ氏はなにげなくその本を開いてみ
　　　　　　　た。そして，<u>あること</u>に気がついた。本が多くの人の手を
　　　　　　　へてきたように，よごれているのにもかかわらず，ページ
　　　　　　　が破れているなど，いたんだ部分がないのである。（遊園地）
　これらの例はいずれも，先に「ある＋N」を提示しておいて，その後の文脈で「ある＋N」の具体的な内容を述べるものである。(11a) は「ある人」，(11b) は「ある言葉」，(11c) は「あること」と先に提示しておいて，その後の文脈で具体的な内容である「田中先生」，「"うあい，うあい"という言葉」，「本が多くの人の手をへてきたように，よごれているのにもかかわらず，ページが破れているなど，いたんだ部分がない」ことが述べられている。

77

この用法の特徴としては，話し手が当該の指示対象をすでに同定しており，聞き手に注目させるために連体詞「ある」を使用して，聞き手に伝えるということが挙げられる。話し手が話題にしたいものを聞き手に対して具体的に提示するのではなく，まず連体詞「ある」を使用して当該の名詞句を導入し，その後の文脈で具体的な内容を述べるのである。この用法は，第3章で取り上げたコ系の指示詞による後方照応と非常によく似たものとなっている。第3章で，コ系の指示詞による後方照応には「聞き手に注目させる」という談話的機能があることを指摘したが，連体詞「ある」のこの用法にも同様の談話的機能があるのである。

　この用法は「聞き手に注目させる」という談話的機能があるため，クイズ番組などで使用されやすいという特徴がある。

(12) a. ?（クイズ番組で）石原裕次郎が亡くなったその前の日に人気コメディアンが亡くなっています。それは誰でしょう？

　　 b. （クイズ番組で）石原裕次郎が亡くなったその前の日にある人気コメディアンが亡くなっています。それは誰でしょう？

(12) はクイズ番組で人気コメディアンの名前を当てさせるという意図がある。この場合，(12a) のように裸名詞の形で使用するのではなく，(12b) のように連体詞「ある」が使用される。クイズ番組で解答者に人気コメディアンの名前を当てさせるということは，当該の名詞句の内容を問題にしていることに他ならない。すなわち，当該の名詞句の内容が問題になる場合は連体詞「ある」が使用しやすいということになる。

　さらに，連体詞「ある」の聞き手に注目させる用法が使用されやすい状況や場面として，映画，ドラマなどのタイトルや小説の冒頭部分がある。

(13) a. 『ある愛の詩』『或る女』

　　 b. ある小さな国。分類すると専制国家ということになる。軍部出身の元首が政権をにぎり，それがずっとつづいている。(悪夢)

第5章　連体詞「ある」の意味・機能

　これらは連体詞「ある」を使用することによって，聞き手に注目させ，なるべく多くの人に見てもらいたいという意図があるものと考えられる。

　以上のことから，連体詞「ある」を使用することによって聞き手に注目させるという意図があることが分かる。以下ではこの用法を便宜上，聞き手に注目させる用法と呼ぶことにする。

## ３.２　聞き手に配慮する用法

　連体詞「ある」の２つ目の用法として，次の例を取り上げる。

（14）a.　「この療養所はね，営利企業じゃないのよ。だからまだそれほど高くない入院費でやっていけるの。この土地も<u>ある人</u>が全部寄附したのよ。法人を作ってね。昔はこのへん一帯はその人の別荘だったの。二十年くらい前までは。古い屋敷見たでしょ？」（ノルウェイ）

　　　b.　エヌ氏は<u>ある観光地</u>で，街頭写真屋をやっていた。しかしカメラが普及するにつれて，あまりいい商売とはいえなくなってきた。（遊園地）

　　　c.　<u>ある研究所</u>が〈正義の薬〉なるものを開発した。それはただ一錠飲めばよく，服用によってたちまち性格が変って正義の人となり，しかも，その作用は一生つづくのである。（悪夢）

　　　d.　そんなわけで，二人は知りあいになった。女は由紀子といった。父は<u>ある会社</u>の社長で，生活に困らない。外国へ留学して帰ってきて，いまは毎日ぶらぶらしているの。女はそんなふうに自己紹介した。（悪夢）

　これらの例における連体詞「ある」は，前節で観察した聞き手に注目させる用法の連体詞「ある」と共通する点と異なる点がある。共通する点は，話し手が当該の名詞句について具体的な内容を知っている点である。（14）で話し手は具体的な人物・観光地・研究所・会社を知っている。異なる点は，話し手は当該の名詞句の内容を知っているにもかかわ

79

らず，後の文脈でその具体的な内容に触れていない点である。（14a）は
「ある人」，（14b）は「ある観光地」，（14c）は「ある研究所」，（14d）は
「ある会社」と提示されているが，その後の文脈で具体的な人物・観光地・
研究所・会社の名前が述べられているわけではない。

　聞き手に注目させる用法との共通する点と異なる点を確認することに
よって，この用法の特徴を導き出すことができる。この用法では，話し
手は当該の名詞句の内容を知っているが，具体的な内容を述べずに「あ
る＋N」を使用することにより，情報量を減らす形で聞き手に提示して
いる。

　話し手が聞き手に対して自分が知っていることをそのまま伝えるので
はなく，情報量を減らす形で聞き手に提示するのには何らかの理由があ
ると考えられる。例えば，聞き手がその具体名を知らない，聞き手に知
られたくない，聞き手に対して必要ではないことまで伝達する可能性が
ある，現在の話の流れでは述べる必要がない，といった語用論的なこと
が要因となっているものと考えられる。つまり，この用法では話し手は
当該の名詞句の具体的な内容を知っているにもかかわらず，聞き手に何
らかの配慮を行うために「ある＋N」が使用されるのである。この用法
は金水（1986b）での「聞き手がその対象を知らない」場合ということ
に該当する。以下では，この用法を便宜上，聞き手に配慮する用法と呼
ぶことにする。

## 3.3　事態の現実性を表す用法
　第4章で考察の対象としたものが連体詞「ある」の3つ目の用法であ
る。第4章で取り上げた例をもう一度，ここに提示しておく。
　　　（15）a. このグラウンドは1周が400メートルあります。つまり，
　　　　　　　例えばある人が5周走ったとすると2キロ走ったことにな
　　　　　　　るわけです。
　　　　　　b.「うずうず」とは，「あることがしたくて，落ち着かないこ
　　　　　　　と」を表します。
　　　　　　c. 人生はうまいようにできている。あるものを得れば，ある

第5章　連体詞「ある」の意味・機能

　　　ものを失う。そんなもんさ。
　　d. ある日，原宿の裏通りで僕は 100 パーセントの女の子とす
　　　れ違う。そんな予感が僕の頭の中によぎった。
　　e. もちろん僕に妹がいて，ある日突然あしかと結婚するなん
　　　て言い出したらそれは少し面喰いはするだろうけれど，か
　　　といって猛烈に反対するというほどでもない。（カンガル
　　　ー）

　この用法は先に見た 2 つの用法とは異なり，話し手は当該の名詞句に
ついて具体的な内容を知っているわけではない。例えば，(15a) で話し
手は具体的な人物のことを知っているわけではないし，(15b) で話し手
は具体的な出来事を知っているわけではない。

　第 4 章でも指摘したように，連体詞「ある」のこの用法は「ある＋N」
が不定名詞に置き換えられるという特徴を持っている。次の例でそれを
確認する。

(16) a. このグラウンドは 1 周が 400 メートルあります。つまり，
　　　　例えば {ある人／誰か} が 5 周走ったとすると 2 キロ走っ
　　　　たことになるわけです。
　　b. 「うずうず」とは，「{あること／何か} がしたくて，落ち
　　　　着かないこと」を表します。
　　c. 人生はうまいようにできている。{あるもの／何か} を得
　　　　れば，{あるもの／何か} を失う。そんなもんさ。
　　d. {ある日／いつか}，原宿の裏通りで僕は 100 パーセントの
　　　　女の子とすれ違う。そんな予感が僕の頭の中によぎった。
　　e. もちろん僕に妹がいて，{ある日／いつか} 突然あしかと
　　　　結婚するなんて言い出したらそれは少し面喰いはするだろ
　　　　うけれど，かといって猛烈に反対するというほどでもない。
　　　　（カンガルー）

　(16) は (15) の「ある＋N」が不定名詞と置き換えることができる
ことを示した例である。第 4 章でも指摘したが，通常，「ある＋N」と
不定名詞は特定的かどうかで対立を構成している。しかし，この用法の

81

「ある＋Ｎ」は特定のものを表すことが解消されるという特徴を持つ。そして，連体詞「ある」が使用された場合，話し手が当該の事態の存在，生起をはっきりと想定しているのである。以下では，この用法を事態の現実性を表す用法と呼ぶ。

## ３.４　構文的な用法

連体詞「ある」の４つ目の用法として，次の例を取り上げる。

(17) a. 結婚に対する考え方は人によって大きく異なる。ある人は幸せの始まりと捉え，逆にある人は不幸の始まりと捉える。

b. レコードだとか本だとかテープだとかパンフレットだとか，その他書類・写真・時計・傘・ボールペンといったような類のものである。あるものはそれなりの必然性があって増えるし，あるものは何の必然性もなしに増える。(逆襲)

c. このように心底美味いビールを飲むためにははるばる四十二キロを走らねばならぬということはあるときにはいささか酷な条件のようにも感じられるし，あるときにはきわめてまっとうな取引であるようにも感じられる。(逆襲)

(17a) は「ある人は……，逆にある人は……」，(17b) は「あるものは……，あるものは……」，(17c) は「あるときには……，あるときには……」となっている。この用法は「あるＮは……，あるＮは……」という構文的な文型として現れるものである。そして，この用法も現実性を表す用法と同様に，話し手は「ある＋Ｎ」の内容を具体的に知っている必要はない。例えば，(17a) では具体的にＡさん，Ｂさんが結婚を幸せの始まりと捉え，ＣさんとＤさんが結婚を不幸の始まりと捉えていることを知っている必然性はない。(17a) が使用できるためには，結婚を幸せの始まりと捉える人がいて，不幸の始まりと捉える人がいるという事態が存在することだけを知っていればよいのである。

この用法には他の用法に見られない特徴がいくつかある。まず，この用法の連体詞「ある」は必ず「は」を伴う。

(18) a. ＊結婚に対する考え方は人によって大きく異なる。ある人

が幸せの始まりと捉え，逆にある人が不幸の始まりと捉える。

b. ＊レコードだとか本だとかテープだとかパンフレットだとか，その他書類・写真・時計・傘・ボールペンといったような類のものである。あるものがそれなりの必然性があって増えるし，あるものが何の必然性もなしに増える。

(17) の「は」を (18) のように「が」に変えると，文は成立しなくなる。このことを別の観点から捉え直すと，連体詞「ある」の構文的な用法には，「対比」ということが深く関係していると言える。(17) の例はいずれも，主節と従属節では反対のことが述べられている。(17a) では結婚を幸せの始まりと捉えることと不幸の始まりと捉えること，(17b) では必然性があって増えることと何の必然性もなしに増えること，(17c) では酷な条件のように感じられることときわめてまっとうな取引であることが対比されている。以上のことから，連体詞「ある」の構文的な用法は「対比」という概念と密接に結びついたものであると言える。

また，連体詞「ある」の構文的な用法は存在動詞「ある」とのつながりが深い。連体詞「ある」の構文的な用法は存在動詞「ある（いる）」を使用して，「……するＮが {あれば／いれば}，……するＮも {ある／いる}。」と置き換えることができる。

(19) a. 結婚に対する考え方は人によって大きく異なる。ある人は幸せの始まりと捉え，逆にある人は不幸の始まりと捉える。

b. レコードだとか本だとかテープだとかパンフレットだとか，その他書類・写真・時計・傘・ボールペンといったような類のものである。あるものはそれなりの必然性があって増えるし，あるものは何の必然性もなしに増える。(逆襲)

(20) a. 結婚に対する考え方は人によって大きく異なる。幸せの始まりと捉える人もいれば，逆に不幸の始まりと捉える人もいる。

b. レコードだとか本だとかテープだとかパンフレットだとか，その他書類・写真・時計・傘・ボールペンといったような

類のものである。それなりの必然性があって増えるものも<u>あれば，何の必然性もなしに増えるものもある。</u>

　(19) は連体詞「ある」を使用した例だが，同じような意味を表すのに (20) のような「……するNも｛あれば／いれば｝，……するNも｛ある／いる｝。」を使用することができる。構文的な用法の連体詞「ある」が「……するNも｛あれば／いれば｝，……するNも｛ある／いる｝。」と置き換えることができることをさらに明確に示した実例も存在する。

　　(21) 山の方には実にたくさんの灯りが見えた。もちろんどの灯りが君の病室のものかはわからない。<u>あるもの</u>は貧しい家の灯りだし，<u>あるもの</u>は大きな屋敷の灯りだ。<u>あるもの</u>はホテルのだし，<u>学校のもあれば，会社のもある</u>。実にいろんな人がそれぞれに生きてたんだ，と僕は思った。(風)

　(21) の前半部分では「あるものは……，あるものは……」と述べられているが，後半部分では「学校のもあれば，会社のもある」と述べられている。後半部分も「あるものは学校のだし，あるものは会社のである」と述べることも可能ではあるが，そのような表現は使用されていない。このような例も，構文的な用法の連体詞「ある」が「……するNも｛あれば／いれば｝，……するNも｛ある／いる｝。」と置き換えることができることの証拠となる。

　さらに，この用法は，次の例のように，連体詞「ある」を「一部の」に置き換えることが可能である[4]。

　　(22) a. 結婚に対する考え方は人によって大きく異なる。｛<u>ある／一部の人</u>｝は幸せの始まりと捉え，逆に｛<u>ある／一部の人</u>｝は不幸の始まりと捉える。

　　　　 b. レコードだとか本だとかテープだとかパンフレットだとか，その他書類・写真・時計・傘・ボールペンといったような類のものである。｛<u>ある／一部のもの</u>｝はそれなりの必然

---

4　この例のように，連体詞「ある」が「一部の」に置き換えられることも「対比」と関係しているものと考えられる。ただし，連体詞「ある」が「一部の」に置き換えられることと「対比」という概念がどのように関係するのかは，今後の課題としておく。

性があって増えるし，{ある／一部のもの} は何の必然性
もなしに増える。
　連体詞「ある」の構文的な用法が「一部の」に置き換えられることか
ら，この用法では連体詞「ある」は部分集合を作っていることが分かる。
つまり，「人」や「もの」の中の一部のものを取り上げるために連体詞「あ
る」が使用され，真部分集合を作る働きを行っているのである。

## 3.5　変項を表す用法

　連体詞「ある」の5つ目の用法として，次の例を取り上げる。

(23) a. このコーナーでは毎回ある人を取り上げて，その人物の生
涯に詳しく迫ります。

　　 b. そして毎日ある時間を——たとえば二時間なら二時間を
——そのデスクの前に座って過ごすわけである。(はいほー)

　　 c. 数学を勉強するのと同じです。あるレベルに達するまでは，
先生の言うことを信じてやっていくしかないんです。今は
この公式を覚えて，次にこういう数式の使い方を覚えて，
というようなことですね。(約束)

　　 d. 何かに対するものの見方が，あるひとつの出来事を境に，
たった一日でがらりと変わってしまうということは，たま
にある。そんなにしょっちゅうではないけれど（しょっち
ゅうあると疲れてしょうがないでしょうね），忘れていた
ころにふっとある。ポジティブに変化することもあれば，
ネガティブに変化することもある。(いかにして)

　　 e. この作業場の仕事は一人一人の職人の独立性がかなり強く，
仕事の分担というのは殆んどない。ある人が始めた仕事は
本人が終らせるというのが原則のようである。だから大き
な人体模型みたいなものでも，一人が一体全部やってしま
う。(工場)

　この用法では，「ある＋N」の指示対象が一定ではないという特徴が
ある。例えば，(23a) の「ある人」はAさんといった具体的な人物を表

すのではなく，前回はＡさん，今回はＢさん，次回はＣさんというように毎回変化する。いわば，コーナーに登場する出演者といった役割関数が設定され，第何回という変数が指定されることによってその値が決まる（指示対象が決定される）のである。以下では，この用法を便宜上，変項を表す用法と呼ぶことにする。

## ４．連体詞「ある」の用法間のつながり

３節で行った連体詞「ある」の用法記述を踏まえた上で，本節では，連体詞「ある」に５つの用法があることの理由づけ，および各用法間のつながりを意味や機能を考慮に入れながら考察する。

### ４．１　特定性について

定性という観点では，連体詞「ある」は不定を表すことになる。それでは，特定性という観点ではどのようになるだろうか。以下では，特定性という観点から５つの用法を確認する。

連体詞「ある」の５つの用法のうち，聞き手に注目させる用法と聞き手に配慮する用法は，「ある＋Ｎ」が特定の指示対象を表す。

(24) 私は<u>ある人</u>の影響をずっと受けています。それは田中先生です。

(25) エヌ氏は<u>ある観光地</u>で，街頭写真屋をやっていた。しかしカメラが普及するにつれて，あまりいい商売とはいえなくなってきた。（遊園地）

(24)は聞き手に注目させる用法，(25)は聞き手に配慮する用法である。(24)の「ある人」は後の文脈からも分かるように，田中先生を表している。(25) の「ある観光地」は後の文脈からは分からないが，エヌ氏が街頭写真屋をやっている特定の観光地があり，その観光地を話し手が同定していると考えられる。つまり，いずれの例の「ある＋Ｎ」も特定の指示対象を表していることになる。

これに対して，事態の現実性を表す用法，構文的な用法，変項を表す用法は「ある＋Ｎ」が特定の指示対象を表すとは言えないものとなる。

(26) a. このグラウンドは１周が400メートルあります。つまり，

86

例えばある人が5周走ったとすると2キロ走ったことになるわけです。

b. 結婚に対する考え方は人によって大きく異なる。ある人は幸せの始まりと捉え，逆にある人は不幸の始まりと捉える。

c. このコーナーでは毎回ある人を取り上げて，その人物の生涯に詳しく迫ります。

（26a）のような事態の現実性を表す用法では，「ある＋N」が不定名詞に置き換えられることからも分かるように，「ある＋N」が特定の指示対象を表すことはない。（26b）の構文的な用法では，話し手が知っているのは当該の指示対象の具体的な内容ではなく，当該の指示対象が存在することのみである。また，（26c）の変項を表す用法も同様に，話し手は毎回取り上げる人物がいることを知っているのみであり，聞き手に注目させる用法や聞き手に配慮する用法の「ある＋N」のような特定の指示対象を知っているわけではない。

以上をまとめると，連体詞「ある」の5つの用法のうち，特定の指示対象を表すのは聞き手に注目させる用法，聞き手に配慮する用法の2つだけで，それ以外の3つの用法は特定の指示対象を表すとは言えないということになる。

## 4.2 付加性について

次に，付加性という観点から連体詞「ある」の5つの用法を確認する。付加性は当該の形式が付加形式になり得るかどうかという基準によって分類される。このような観点で分析することにより，連体詞「ある」がどのような理由で使用されるのかということを明らかにすることができる。というのも，連体詞「ある」が付加形式になり得る用法と必須形式にしかならない用法では，使用動機が大きく異なっているからである。連体詞「ある」が付加形式になり得る場合，他の形式でも表現することができるにもかかわらず，連体詞「ある」が使用されるのには何らかの理由があると考えられる。これに対して，連体詞「ある」が必須形式にしかならない用法では，連体詞「ある」を使用せざるを得ないために使

用されている。よって，この 2 つには，大きな違いがあると考えられる。

　連体詞「ある」の 5 つの用法の中には，必須形式にしかならないものと付加形式になり得るものの両方が存在する。まず，聞き手に注目させる用法は必須形式のものだけでなく，付加形式となる場合も存在する。

　　(27) a. 私は{ある人／＊人}の影響をずっと受けています。それは田中先生です。

　　　　 b. 五年生になって二学期の最初の日，教師が{ある転入生／転入生}を教室に連れてきた。首に白い繃帯をまき眼鏡をかけた小さな子だった。

　聞き手に注目させる用法は，(27a) のように，連体詞「ある」を取り除いたら文が成立しなくなるものもあれば, (27b) のように，連体詞「ある」を取り除いても文が成立するものもある。このことは，聞き手に注目させる用法の連体詞「ある」は付加形式になり得ることを意味している。

　また，聞き手に配慮する用法も必須形式のものだけでなく，付加形式となる場合が存在する。

　　(28) a. {ある研究所／＊研究所}が〈正義の薬〉なるものを開発した。それはただ一錠飲めばよく，服用によってたちまち性格が変って正義の人となり，しかも，その作用は一生つづくのである。

　　　　 b. そんなわけで，二人は知りあいになった。女は由紀子といった。父は{ある会社／会社}の社長で, 生活に困らない。外国へ留学して帰ってきて，いまは毎日ぶらぶらしているの。女はそんなふうに自己紹介した。(悪夢)

　(28a) は聞き手に配慮する用法が必須形式となる場合である。この場合，連体詞「ある」を取り除いたものは許容度が下がる。しかし，聞き手に配慮する用法の中には，(28b) のように，連体詞「ある」を取り除いても許容されるものもある。よって，聞き手に配慮する用法も必須形式の場合だけでなく，付加形式となる場合も存在することになる。

　これに対して，事態の現実性を表す用法はこれまで観察してきた用法

とは異なり，どのような名詞句であっても，連体詞「ある」を取り除くと成立しなくなる。

(29) a. このグラウンドは 1 周が 400 メートルあります。つまり，例えば<u>ある人</u>が 5 周走ったとすると 2 キロ走ったことになるわけです。

b. * このグラウンドは 1 周が 400 メートルあります。つまり，例えば<u>人</u>が 5 周走ったとすると 2 キロ走ったことになるわけです。

(30) a. 「うずうず」とは，「<u>あること</u>がしたくて，落ち着かないこと」を表します。

b. *「うずうず」とは，「<u>こと</u>がしたくて，落ち着かないこと」を表します。

事態の現実性を表す用法のいずれの例も，連体詞「ある」を取り除いた（29b）や（30b）は許容されない。

また，構文的な用法や変項を表す用法もどのような名詞句であっても，連体詞「ある」を取り除くと，文が成立しなくなる。

(31) a. 結婚に対する考え方は人によって大きく異なる。<u>ある人</u>は幸せの始まりと捉え，逆に<u>ある人</u>は不幸の始まりと捉える。

b. * 結婚に対する考え方は人によって大きく異なる。<u>人</u>は幸せの始まりと捉え，逆に<u>人</u>は不幸の始まりと捉える。

(32) a. このコーナーでは毎回<u>ある人</u>を取り上げて，その人物の生涯に詳しく迫ります。

b. * このコーナーでは毎回<u>人</u>を取り上げて，その人物の生涯に詳しく迫ります。

（31a）は構文的な用法，（32a）は変項を表す用法である。いずれの場合も連体詞「ある」が必須形式になっているため，（31b）や（32b）のように，連体詞「ある」を取り除くと成立しなくなる。

以上をまとめると，連体詞「ある」の 5 つの用法のうち，聞き手に注目させる用法と聞き手に配慮する用法の 2 つが付加形式になり得るということになる。

## 4.3　連体詞「ある」の使用動機

　連体詞「ある」には5つの用法があるが，なぜ連体詞「ある」が使用されるのかという点に関して違いがある。

　聞き手に注目させる用法，聞き手に配慮する用法，事態の現実性を表す用法は談話的な動機とでも呼ぶべき動機によって，連体詞「ある」が使用される。聞き手に注目させる用法や聞き手に配慮する用法は4．1や4．2でも述べたように，話し手が特定の指示対象を知っており，連体詞「ある」だけでなく，他の形式を使用することも可能である。それにもかかわらず，連体詞「ある」を使用しているのは聞き手に対して談話内で何らかの働きかけを行っているためである。以上のことから，これらの用法では聞き手の存在が必要不可欠なものであり，談話的な動機によって連体詞「ある」が使用されていることが分かる。また，事態の現実性を表す用法では，第4章でも考察したように，話し手が聞き手に対して当該の事態の存在や生起をどのように伝えるかが問題となる。よって，事態の現実性を表す用法では，談話上の動機によって連体詞「ある」が使用されることになる。

　これに対して，構文的な用法と変項を表す用法は構造的な動機とでも呼ぶべき動機によって，連体詞「ある」が使用される。構文的な用法で連体詞「ある」が使用されるのは，文字通り，「あるNは……，あるNは……」という構文を使用することによって，当該の事態に当てはまるNが存在することを表すためである。これは構文という1つの構造が連体詞「ある」を使用させたと言えるだろう。変項を表す用法では，連体詞「ある」は必須形式となる。このことは，言い換えると，裸名詞で変項を表すことができないということになる。連体詞「ある」は裸名詞のままでは使用できない変項を表すために使用されることになる。これも1つの構造上の要請によって連体詞「ある」が使用されたものとして見なすことができる。

## 4.4　連体詞「ある」の各用法間のつながり

　連体詞「ある」になぜ5つの用法が存在するのか，また，連体詞「あ

る」の各用法間のつながりを考察するために，４．１から４．３までで特
定性との関係，付加性との関係，連体詞「ある」の使用動機という点を
観察した。その結果をまとめると，次のようになる。

表１　連体詞「ある」の各用法の特徴

|  | 特 定 性 | 付 加 性 | 使 用 動 機 |
|---|---|---|---|
| 聞き手に<br>注目させる用法 | ＋ 特 定 性 | ＋ 付 加 性 | 談 話 的 |
| 聞き手に<br>配慮する用法 | ＋ 特 定 性 | ＋ 付 加 性 | 談 話 的 |
| 事態の現実性を<br>表す用法 | － 特 定 性 | － 付 加 性 | 談 話 的 |
| 構文的な用法 | － 特 定 性 | － 付 加 性 | 構 造 的 |
| 変項を<br>表す用法 | － 特 定 性 | － 付 加 性 | 構 造 的 |

　連体詞「ある」の５つの用法間のつながりについては，まず特定性と
いう観点で大きく２つに分かれる。１つは特定の指示対象を表すもの，
もう１つは特定の指示対象を表すとは言えないものである。特定の指示
対象を表すものはいずれも，聞き手に関係する用法となる。特定の指示
対象を表すものは固有名詞など，他の形式でも表現することができる。
それにもかかわらず，連体詞「ある」を使用して情報量を減らす形で当
該の指示対象を表すのには，何らかの理由が考えられる。それが聞き手
に対して注目させたり，配慮したりという一種のストラテジーとしての
用法につながるのであろう。また，特定の指示対象を表すものは，いず
れも，付加的になり得るという特徴も持っている。連体詞「ある」を必
ずしも使用しなくてよいにもかかわらず，連体詞「ある」をあえて使用
することには何らかの意味がある。それが談話的機能が色濃く現れる理
由である。別の言い方をすると，特定の指示対象を表すものは「ある」

という形式の文法化が進んでおり，元の「存在」という意味が薄れていると言える。

次に，特定の指示対象を表すとは言えないものは話し手の事態に対する認識の仕方を表す場合もあれば，使用せざるを得ないから使用する場合もある[5]。その中で中心となるのは変項を表す用法と考えられる。そして，他の2つの用法は変項を表す用法から派生したと見なす。なぜなら，構文的な用法は，連体詞「ある」を複数回使用することによって表現され，事態の現実性を表す用法は変項を表す用法のうち，不定名詞との対立という特殊な場合となるからである。また，特定の指示対象を表すとは言えないものは必須形式になるという特徴を持っている。つまり，裸名詞などの他の形式を使用することができないために，連体詞「ある」が使用されているのである。さらに，特定の指示対象を表すとは言えない場合，特定の指示対象を表す場合ほど文法化が進んでおらず，何らかの意味で「存在」という意味が残っているとも言える。

以上をまとめると，次のような図になる。

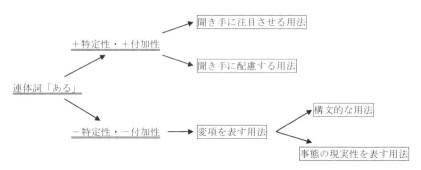

**図1　連体詞「ある」の各用法間のつながり**

図1に示したように，連体詞「ある」の各用法間は特定の指示対象を表すかどうか，付加形式になり得るかどうかという点で大きく2つに分

---

[5] 特定の指示対象を表すとは言えないものの中には，未特定と非特定という2種類があるかもしれない。未特定が変項を表す用法，構文的な用法で，非特定が事態の現実性を表す用法である。

かれる。特定の指示対象を表すものと付加形式になり得るものは聞き手の存在が関わる用法で，一種のストラテジーとして連体詞「ある」が使用されたものである。これに対して，特定の指示対象を表すとは言えないもの，付加形式になり得ないものは変項を表す用法が中心となり，その用法から構文的な用法と事態の現実性を表す用法が派生すると考えられる。

## ５．まとめ

　本章では不定を表す連体詞「ある」を考察の対象として，その用法記述を行い，連体詞「ある」の各用法間のつながりを連体詞「ある」の意味や機能を考慮に入れながら考察した。連体詞「ある」の用法として，聞き手に注目させる用法，聞き手に配慮する用法，事態の現実性を表す用法，構文的な用法，変項を表す用法という５つを提示した。また，連体詞「ある」の５つの用法は特定の指示対象を表すかどうか，付加形式になるかどうかという点で大きく２種類に分けられることを主張した。

　今後の課題としては，まず金水（1986b）で提示されていた「存在化」とのつながりを考察することが挙げられる。また，本章では連体詞「ある」の各用法間のつながりを共時的な観点で捉えたが，今後は通時的な観点から捉え直すことも必要となってくる。連体詞「ある」の各用法間のつながりを４．４の主張のように捉えた場合，連体詞「ある」の中心的な用法は大きく分けると，聞き手に関係するものと変項を表すものという２種類となる。なぜこの２種類が連体詞「ある」の中心的な用法となるのかについても，今後慎重に検討を加えなければならない。

## 現在の視点から

　本章では，連体詞「ある」について，実例を用いながら用法を確認した。現在の視点からは，コーパスを使った実態調査が可能である。

　例えば，中納言 2.2.2.2 を用いて『現代日本語書き言葉均衡コーパス』（BCCWJ）を調査してみると，短単位検索でキーに「語彙素が「或る」」＋「品詞の大分類が連体詞」で検索すると，21,644 件見つかった。それらの用法を一つ一つ確認することによって，連体詞「ある」の使用実態，および全体像が明らかになる。

# 第6章 「一＋助数詞＋の」の意味・機能

## 1. はじめに

第5章で不定を表す連体詞「ある」を取り上げ，その用法と特徴を記述し，意味や機能を考慮に入れながら各用法間のつながりを考察した。本章では，同じように不定を表す「一＋助数詞＋の」の用法を記述し，各用法間のつながりを意味や機能を考慮に入れながら考察する。連体詞「ある」は存在動詞「ある」とのつながりが明確ではなかったため，各用法間のつながりもそれほど明確ではなかった。しかし，「一＋助数詞＋の」は単数という語彙的意味が明確になっているので，本来の意味とのつながりや各用法間のつながりも比較的分かりやすい。よって，「一＋助数詞＋の」の用法間のつながりについては，連体詞「ある」の用法間のつながりよりも明確な形で提示する[1]。

まず，同じような状況であるにもかかわらず，「数量詞＋N」が使用しやすい場合と使用しにくい場合がある。

(1) (机の上に本があるという状況で)

  a. ここに<u>3冊の本</u>があります。

  b. ?? これは<u>3冊の本</u>です。

机の上に本があり，それについて述べるという点では同じであるにもかかわらず，(1a) と (1b) では許容度に違いが生じる。本章では，まず許容度の差に何が関係しているのかを考察する。

次に，(2a) のような「一＋助数詞＋の」と (2b) のような複数，つまり2以上を表す数量詞では用法などに違いがあることを指摘する。

(2) (机の上にペンがあるという状況で)

  a. ここに<u>1本のペン</u>があります。今日はこれを使ってマジックをしましょう。

  b. ここに<u>3本のペン</u>があります。今日はこれを使ってマジック

---

1　本章では，「人」「つ」「冊」などを助数詞，助数詞に数詞がついたものを数量詞と呼ぶことにする。

をしましょう。

　さらに，補足語の位置に生じる「一＋助数詞＋の」の用法と述語の位置に生じる「一＋助数詞＋の」の用法を確認する。最後に，「一＋助数詞＋の」の各用法間のつながり，および「一＋助数詞＋の」と他の数量詞とのつながりについても考察を加える。以上の作業によって，これまであまり研究の対象になることがなかった「一＋助数詞＋の」を考察することができ，不定を表す限定詞の意味や機能を理解することができる。

## 2．数量詞が使用しやすい位置と使用しにくい位置

　先にも述べたが，同じような状況であるにもかかわらず，「数量詞＋N」が使用しやすい場合と使用しにくい場合の両方がある。

　（3）（机の上にペンがあるという状況で）
　　　a．ここに｛1本のペン／ペン｝があります。今日はこれを使ってマジックをしましょう。
　　　b．これは｛?? 1本のペン／ペン｝です。今日はこれを使ってマジックをしましょう。
　（4）（机の上にマンガがあるという状況で）
　　　a．ここに｛3冊のマンガ／マンガ｝があります。お好きな2冊を差し上げますよ。
　　　b．これは｛?? 3冊のマンガ／マンガ｝です。お好きな2冊を差し上げますよ。

　（3）（4）はそれぞれ，机の上にペンがあるという状況，マンガがあるという状況で使用されたものである。同じような状況で使用されたにもかかわらず，（3a）（4a）と（3b）（4b）では許容度に違いが生じる。（3a）（4a）のように，「ここにNがあります。」となった場合，「数量詞＋N」と裸名詞の両方が使用できる。これに対して，（3b）（4b）のように，「これはNです。」となった場合，「数量詞＋N」は使用できず，裸名詞しか使用できない。それでは，（3a）（4a）と（3b）（4b）では何が異なっているのだろうか。

　本節では，数量詞の使用と数量詞が生じる位置との関係を取り上げる。

第 6 章 「一＋助数詞＋の」の意味・機能

（3a）（4a）では数量詞が「ここにNがあります。」のように，補足語の位置[2]に生じている。これに対して，（3b）（4b）では，数量詞が名詞述語文の述語の位置に生じている。補足語の位置では数量詞が生じやすく，述語の位置では数量詞は生じにくいということになる。

　しかし，数量詞が補足語の位置に生じるか，述語の位置に生じるかという説明だけではうまくいかない現象も存在する。次の例がそれに該当する。

　　（5）私，見たんです。犯人は3人の男でした。

　　（6）私が日本語学校で教えているのは，5人の中国人と3人の韓
　　　　国人と1人のタイ人です。

　　（7）これは3冊の本です。1冊の本ではありません[3]。

　（5）（6）（7）はいずれも述語の位置に数量詞が生じている。（5）は指定文の述語の位置，（6）は分裂文の述語の位置，（7）はプロミネンスを置いた場合[4]である。（7）のプロミネンスを置いた場合については4節で扱うので，ここでは指定文の述語の位置と分裂文の述語の位置について考察する。

　指定文の述語の位置に生じている「数量詞＋N」と分裂文の述語の位置に生じている「数量詞＋N」は共通した特徴を持っている。それは，述語の位置に使用されていても，指示的名詞句となっているというものである。指示的名詞句という概念について，西山（2003）では「対象を指示する機能をもつもの」（西山2003:59）という説明がされている。また，非指示的名詞句は「そのような（筆者注：指示的名詞句のような）機能を一切もたないもの」（西山2003:59）とされている。「AはBだ。」という文に当てはめると，「AはBだ。」が指定文[5]の場合，Aは非指示的名詞句であるのに対して，Bは指示的名詞句になると分析されている。

---

2　益岡・田窪（1992）からの用語である。益岡・田窪（1992）では名詞に格助詞がついたものを補足語と規定している。

3　￣￣￣￣はプロミネンスが置かれる位置を表している。

4　プロミネンスを置いた場合は数量を強調した場合とでも呼ぶべきものかもしれない。

5　西山（2003）での倒置指定文に相当する。西山（2003）は「AはBだ。」を倒置指定文，対応する「BがAだ」を指定文と呼んでいる。本稿では措定文，指定文という名称を「AはBだ。」のタイプの文に付けているので，反対の名称になっている。

97

指定文や分裂文の述語の位置に生じる名詞句が指示的名詞句であることは，次のような置き換えが可能なことからも理解できる。

（8）私，見たんです。3人の男が犯人でした。

（9）私は日本語学校で5人の中国人と3人の韓国人と1人のタイ人を教えています。

（5）（6）は述語の位置に「数量詞＋N」が生じていたが，同様の意味を（8）（9）のように補足語の位置に生じさせて表すことができる。

これに対して，述語の位置に使用できない「数量詞＋N」は措定文に使用されているものである。措定文の述語の位置にある名詞句は非指示的名詞句であるので，（10）（11）のように補足語の位置に生じさせて同様の意味を表すことができない。

（10）＊1本のペンがこれです。

（11）＊3冊のマンガがこれです。

以上のことから，数量詞は指示的名詞句となっている場合に生じやすく，非指示的名詞句となっている場合には生じにくいことが分かる。

## 3．補足語の位置に生じる「一＋助数詞＋の」

本節では，補足語の位置に生じる「一＋助数詞＋の」について考察を進める。「一＋助数詞＋の」には他の数量詞[6]のように，単に数量のみを表す用法だけでなく，他にも用法があることを指摘する。また，それらの用法間のつながりについても考察を行う。

### 3．1　「一＋助数詞＋の」の独自性

まず，「一＋助数詞＋の」と他の数量詞との違いについて考察する。

複数，つまり2以上を表す数量詞は，基本的には単に数量のみを表していると考えられる。

（12）彼は5人の友達と仕事を一緒に行っている。

（13）私の弟は4本のビールを一人で飲んだ。

（12）（13）の数量詞は，基本的には友達の数が5人であることやビー

---

6　他の数量詞とは，複数，つまり2以上を表す数量詞のことである。

ルの数が 4 本であることを表している。逆に言うと，（12）（13）の数量
詞は「5 人」や「4 本」という数を問題にしているため，数量詞が他の
意味や機能を担うということが想定しにくい。

　これに対して，「一＋助数詞＋の」には単に単数という数量のみを表
すとは考えられない用法がある。次の例がそれに当たる。

- （14）三時間のあいだに五回ほどソウルからの中継が入るのだが，
　　　　一つのコーナーが終わると次の出演者と打ち合わせながら進
　　　　行するという綱渡りのような現場であった。（ソウル）
- （15）彼は地面を踏み，優雅に腕をまわした。ひとつの動きが次の
　　　　動きを呼び，更に次の動きへと自律的につながっていった。（踊
　　　　る）
- （16）午後の社長室。ノックの音がし，書類をかかえたひとりの青
　　　　年社員が入ってきた。礼儀正しく頭を下げてから言う。「営業
　　　　部第三課の者でございます。ご命令により作成いたしました，
　　　　前期の売上高および今期の目標に関する書類，持参いたしま
　　　　した。ごらんいただきたいと思います」（悪夢）

　（14）〜（16）では，単にコーナーや動きが一つあるということや青
年社員が一人いることが表されているわけではない。なぜなら，（14）
〜（16）はいずれも，連体詞「ある」などの他の形式に置き換えること
ができるからである。

- （17）三時間のあいだに五回ほどソウルからの中継が入るのだが，{一
　　　　つの／ある}コーナーが終わると次の出演者と打ち合わせな
　　　　がら進行するという綱渡りのような現場であった。
- （18）彼は地面を踏み，優雅に腕をまわした。{ひとつの／ある}動
　　　　きが次の動きを呼び，更に次の動きへと自律的につながって
　　　　いった。
- （19）午後の社長室。ノックの音がし，書類をかかえた{ひとりの
　　　　／ある}青年社員が入ってきた。礼儀正しく頭を下げてから
　　　　言う。「営業部第三課の者でございます。ご命令により作成い
　　　　たしました，前期の売上高および今期の目標に関する書類，

持参いたしました。ごらんいただきたいと思います」

（14）〜（16）が単数という数量的意味のみを表しているのであれば、他の形式に置き換えることは考えられない。（20）（21）は他の数量詞や単に単数のみを表す「一＋助数詞＋の」[7]であるが、連体詞「ある」などの他の形式に置き換えることはできない。

（20）私、見たんです。{3人の／#ある}男が犯人でした。

（21）僕は今、家で{二台の／#ある}プレーヤーと{三台の／#ある}テープ・デッキと{一台の／#ある}ＦＭチューナーと{二台の／#ある}ＶＴＲと{一台の／#ある}レーザーディスクを使っているけれど、これはもう地獄のような毎日である。（逆襲）

連体詞「ある」などの他の形式に置き換えられるかどうかという点で違いがあることからも、「一＋助数詞＋の」には他の数量詞とは異なる独自性があることが分かる。そして、その独自の働きを探る必要がある。

次節では、「一＋助数詞＋の」の独自の用法にどのようなものがあるかを確認する。

## ３．２ 「一＋助数詞＋の」の独自の用法

### ３．２．１ 変項を表す用法

「一＋助数詞＋の」の独自の用法は 2 つあると考えられる。まず、1 つ目が変項を表す用法[8]である。

（22）日本国内を移動していると、<u>一つの事件</u>に対する地域ごとの温度差を感じるが、それと同じようなことが国レベルでも起こっているのだなと、いまさらのように実感した。（ソウル）

（23）「十」さんだけでなく、一般に難読姓事典を見ると、<u>一つの珍しい名字</u>に対して、実にたくさんの読みがふられています。

---

7 以下では、便宜上、単数という数量的意味のみを表す用法を（「一＋助数詞＋の」の）数量詞用法と呼ぶ。

8 以下では、便宜上、変項を表す用法を変項用法と呼ぶ。

第6章 「一＋助数詞＋の」の意味・機能

　　　日本に一つしかないような姓でも，たくさんの読み方がある
　　　から不思議です。(名字)
　変項用法の「一＋助数詞＋の」は特定のものやことを表しているので
はない。(22) ではある特定の事件について述べているのではなく，地
域ごとの温度差を感じるような事件があることを述べている。また，(23)
では特定の名字のことを話題にしているのではなく，実にたくさんの読
みがふられている名字があることを話題にしている。裸名詞として使用
できない名詞句があり，その名詞句を限定するためには何らかの形式が
必要となる。そして，意味的に誤りではない「一＋助数詞＋の」が使用
されたのが変項用法の「一＋助数詞＋の」である。
　また，変項用法の「一＋助数詞＋の」の特徴として，「一＋助数詞＋
の＋N……次のN」となると，裸名詞と置き換えが可能になることが挙
げられる。

　　(24) a. この手紙は何を意味しているのだ，いったい？僕の頭はひ
　　　　　　どく漠然としていて，ひとつの文章と次の文章のつながり
　　　　　　の接点をうまくみつけることができなかった。(ノルウェ
　　　　　　イ)
　　　　 b. この手紙は何を意味しているのだ，いったい？僕の頭はひ
　　　　　　どく漠然としていて，文章と文章のつながりの接点をうま
　　　　　　くみつけることができなかった。

　変項用法である (24a) では，「一＋助数詞＋の＋N……次のN」が使
用されているが，同じ意味で (24b) のように裸名詞だけで表現するこ
とも可能である。

## 3.2.2　聞き手に注目させる用法

　「一＋助数詞＋の」の独自の用法の2つ目として，聞き手に注目させ
る用法を取り上げる。聞き手に注目させる用法は，当該の名詞句を談話
内に導入する際，「一＋助数詞＋の」を使用することによって，聞き手
に注目させるというものである。
　聞き手に注目させる用法の「一＋助数詞＋の」の特徴として，聞き手

101

に新情報を提示する，または談話主題を導入する手段として「一＋助数詞＋の」が使用されることが挙げられる[9]。

(25) 1986 年月末，カナダでは，翌シーズンのカルガリー冬季オリンピックのプレ大会を兼ねたスキージャンプの国際大会が行われていた。その大会に，スキージャンプの歴史を変えることになる，ひとりのスウェーデン選手が参加していた。彼の名はヤン・ボークレブ[10]。（Ⅴ字）

(26) そんなある日，仕事を終えて男が帰宅すると，郵便受に一枚のチラシが入っていた。『あなたの外出中，あなたに代わって火災，ガス漏れ，泥棒等から家を守ります。〇〇ホームセキュリティ』(広場 10)

(25) では「ひとりのスウェーデン選手」が先に導入され，その後の文脈で「ヤン・ボークレブ」という具体的な人物が明らかにされている。(26) でも，「一枚のチラシ」がまず導入され，後の文脈でその具体的な内容が述べられている。

この用法の「一＋助数詞＋の」には連体詞「ある」や「こんな」に置き換えることができるという特徴がある。

(27) a. 五年生になって二学期の最初の日，教師が一人の転入生を教室に連れてきた。首に白い繃帯をまき眼鏡をかけた小さな子だった。

   b. 五年生になって二学期の最初の日，教師が {ある／こんな} 転入生を教室に連れてきた。首に白い繃帯をまき眼鏡をかけた小さな子だった。

(27) では，連体詞「ある」や「こんな」を「一＋助数詞＋の」と同じように使用することができる[11]。このような特徴が聞き手に注目させる用法には存在する。

---

9　この用法はコ系の指示詞による後方照応や連体詞「ある」の聞き手に注目させる用法と同様の働きをしている。
10　＿＿＿＿＿は聞き手に注目させている部分を表している。
11　3つの形式の違いについては第 7 章で取り上げる。

## ３.３ 補足語の位置に生じる「一＋助数詞＋の」の用法間のつながり

　補足語の位置に生じる「一＋助数詞＋の」は，数量詞用法も含めると，３つの用法が存在することになる。本節では，それぞれの用法間のつながりについて，第５章で連体詞「ある」の用法間のつながりを捉える際に使用した特定性と付加性という２つの観点に基づいて考察を進める。

　まず，これらの３つの用法を特定の指示対象を表すかどうかという観点で捉えると，数量詞用法と聞き手に注目させる用法は特定の指示対象を表すという点でつながりを持つ。

(28) 私は日本語学校で５人の中国人と３人の韓国人と <u>１人のタイ</u><u>人</u>を教えています。

(29) 1986 年月末，カナダでは，翌シーズンのカルガリー冬季オリンピックのプレ大会を兼ねたスキージャンプの国際大会が行われていた。その大会に，スキージャンプの歴史を変えることになる，<u>ひとりのスウェーデン選手</u>が参加していた。彼の名は<u>ヤン・ボークレブ</u>。（Ｖ字）

(30) 日本国内を移動していると，<u>一つの事件</u>に対する地域ごとの温度差を感じるが，それと同じようなことが国レベルでも起こっているのだなと，いまさらのように実感した。（ソウル）

　(28) の「１人のタイ人」は話し手が日本語学校で教えている学生の一人なので，当然特定の指示対象を表している。また，(29) の「ひとりのスウェーデン選手」も後の文脈で「ヤン・ボークレブ」と具体的な名前が出てきているので，もちろん特定の指示対象を表している。これに対して，３.２.１でも指摘したように，(30) の「一つの事件」はある特定の事件を問題にしているのではなく，地域ごとの温度差を感じる事件があることが述べられている。よって，「一＋助数詞＋の」の３つの用法間の関係を特定性という観点で捉えると，数量詞用法と聞き手に注目させる用法は特定の指示対象を表すという点でつながりを持ち，変項用法は特定の指示対象を表すとは言えないという点で異なる[12]。

---

12　この他にも，補足語の位置に生じる「一＋助数詞＋の」の３つの用法は他形式との置き換え可能性という点でも異なりを見せる。数量詞用法は数を問題にしているため，他形

次に，付加性という観点から分析を行う。他の数量詞や数量詞用法の「一＋助数詞＋の」は数量を問題にしているため，数量詞の部分は付加形式になることはなく，必須形式となる。

　(31)　私が教えているクラスには，｛5人の／#φ｝中国人，｛3人の／#φ｝韓国人と｛1人の／#φ｝タイ人がいます。

　(31)では，私が教えているクラスには中国人が5人，韓国人が3人，タイ人が1人いることが表されており，当然のことながら，それらの成分を取り除くと，意味が変わってしまう。よって，他の数量詞や数量詞用法の「一＋助数詞＋の」は必須形式であるということになる。

　また，変項用法の「一＋助数詞＋の」も当該の名詞句がそれだけでは独立して使用できないため，付加形式になることはなく必須形式となる。

　(32)　日本国内を移動していると，｛一つの／＊φ｝事件に対する地域ごとの温度差を感じるが，それと同じようなことが国レベルでも起こっているのだなと，いまさらのように実感した。

　(32)は事件が変項になっており，その名詞句には何らかの形式が必要となる。その際，「一＋助数詞＋の」が使用されているので，当然「一＋助数詞＋の」を取り除くことはできない。

　これに対して，聞き手に注目させる用法の「一＋助数詞＋の」は付加形式になり得るという点でこれまで観察してきた用法とは異なる。すなわち，聞き手に注目させる用法には，「一＋助数詞＋の」を取り除くことができる例が存在するのである。

　(33)　それから，その書類を机の上の事務機械に入れる。カチカチ

---

式に置き換えることができない。変項用法は当該の名詞句がそれだけでは独立して使用できず，何らかの形式が必要となる。その場合に「一＋助数詞＋の」だけでなく，連体詞「ある」を使用することもできる。聞き手に注目させる用法は，先に名詞句を提示しておいて，その後の文脈でその名詞句に関する具体的な内容が述べられる。この場合，連体詞「ある」だけでなく，コ系の指示詞「こんな」によっても置き換えることができる。以上をまとめると，数量詞用法は他形式との置き換え可能性がなく，変項用法は連体詞「ある」のみ，聞き手に注目させる用法は連体詞「ある」と「こんな」の2つに置き換えられるということになる。単数という数量的意味を持っているものは他形式との置き換え可能性が低く，数量的意味を失い，機能の側面が強くなるにつれて，他形式との置き換え可能性が高くなると言えるだろう。

とさわやかな音がし，やがて｛一枚の／φ｝カードが出てくる。<u>硬質の紙で，穴が不規則にいっぱいあいている</u>。（悪夢）

(34) こっちが記憶喪失症なのじゃないかなという感じにもなる。もどかしい気分。それはしだいに高まり，｛ひとつの／φ｝形となった。<u>あの老人の記憶を取り戻させようというキャンペーン</u>。（悪夢）

(33)(34)は「一枚のカード」「ひとつの形」と先に提示しておいて，その後の文脈で具体的な内容が述べられている。この場合，「一＋助数詞＋の」を取り除いて「カード」「形」としても，意味は変わらない。よって，聞き手に注目させる用法には，「一＋助数詞＋の」が付加形式になる場合があるということになる。「一＋助数詞＋の」の3つの用法間のつながりを付加性という観点で捉えると，数量詞用法と変項用法は必須形式であるという点でつながりを持ち，聞き手に注目させる用法は付加形式になり得るという点で他の2つの用法とは異なる。

それぞれの用法の特徴を表にまとめると，次のようになる。

表1　補足語の位置に生じる「一＋助数詞＋の」の各用法の特徴[13]

|  | 特 定 性 | 付 加 性 |
|---|---|---|
| 変項用法 | － 特 定 性 | － 付 加 性 |
| 数量詞用法 | ＋ 特 定 性 | － 付 加 性 |
| 聞き手に注目させる用法 | ＋ 特 定 性 | ＋ 付 加 性 |

数量詞用法が表す単数という語彙的意味が，必須形式であるという点でつながりを持つ変項用法では構造的意味[14]とでも呼ぶべきものになり，

---

13　表を見やすくするために，3つの用法を提示する順番をあえて変更している。
14　変項用法が表す意味を暫定的に，構造的意味と名づけておく。

105

特定の指示対象を表すという点でつながりを持つ聞き手に注目させる用法では談話的機能になっている。このことを簡単に図示すると，次のようになる。

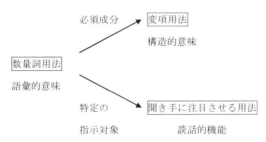

図1　補足語の位置に生じる「一＋助数詞＋の」の各用法間のつながり

　補足語の位置に生じる「一＋助数詞＋の」が特定の指示対象を表す場合，単数という数量的意味のみが問題になる場合とそうではない場合の両方が考えられる。単数という数量的意味のみが問題になる場合，「一＋助数詞＋の」は数量詞用法となる。これに対して，単数という数量的意味のみが問題になるわけではない場合，「一＋助数詞＋の」だけではなく，固有名詞などの他の形式を使用することができる。それにもかかわらず，情報量を減らす形で聞き手に提示するのは，話し手がストラテジーとして聞き手に注目させるために「一＋助数詞＋の」を使用しているからである。また，聞き手に注目させる用法が付加形式になり得るということは，同様の意味を裸名詞でも表すことができることを意味している。それにもかかわらず，わざわざ「一＋助数詞＋の」を使用しているのは，話し手が「聞き手に注目させる」という談話的機能を生じさせるために，いわばストラテジーの一つとして「一＋助数詞＋の」を使用しているのである。「一＋助数詞＋の」が必須形式になる場合，「単数」という「一＋助数詞＋の」の数量的意味（語彙的意味）が残っているため，このような談話的機能は生じないのである。
　以下では，述語の位置に生じる「一＋助数詞＋の」について考察を進

める。

## 4．述語の位置に生じる「一＋助数詞＋の」[15]

3節では，補足語の位置に生じる「一＋助数詞＋の」に関して分析を行った。本節では，述語の位置に生じる「一＋助数詞＋の」について考察を進める。

### 4.1　述語の位置に生じる「一＋助数詞＋の」と述語のタイプ

2節で数量詞は①指定文，②分裂文，③プロミネンスを置いた場合に述語の位置に生じるという指摘を行った。しかし，「一＋助数詞＋の」は他の数量詞と異なり，①指定文，②分裂文，③プロミネンスを置いた場合という以外にも述語の位置に生じることができる。それは次のような措定文の述語の位置に生じたものである。

(35)　A：結婚は幸せの始まりと考えられているみたいだけど，僕は不幸の始まりだと思うよ。

　　　B：まあ，それも一つの考え方かもね。

(36)　あえていえば，僕自身にとって，スキーはひとつの宗教かなと思うことがある。(V字)

(35)(36)の「一＋助数詞＋の」はいずれも，措定文の述語の位置に生じている。(35)(36)が指定文ではないことは，述語名詞句と主語名詞句を入れ替えることはできないことからも明らかである。

(37)　*A：結婚は幸せの始まりと考えられているみたいだけど，僕は不幸の始まりだと思うよ。

　　　B：まあ，一つの考え方がそれかもね。

(38)　*あえていえば，僕自身にとって，ひとつの宗教がスキーかなと思うことがある。

(35)(36)の「一＋助数詞＋の」は非指示的名詞句となっているため，(37)(38)のように主語名詞句として機能することはできない。よって，(35)(36)の「一＋助数詞＋の」は措定文の述語の位置に生じているこ

---

15　ここでの述語の位置とは，措定文，あるいは倒置指定文の述語の位置である。

とが分かる。

　述語の位置に生じる「一＋助数詞＋の」は他の数量詞で表すことができない。このことから，この用法は「一＋助数詞＋の」の独自の用法であることが分かる。

(39) ＊あえていえば，僕自身にとって，スキーとテニスは<u>ふたつの宗教</u>かなと思うことがある。

(40) あえていえば，僕自身にとって，スキーとテニスは<u>ひとつの宗教</u>かなと思うことがある。

自分にとって宗教と思えることがスキーとテニスの2つがあるからといって，「ふたつの宗教」と言うことができず，たとえスキーとテニスという2つがあったとしても「ひとつの宗教」としか言えないのである。

　また，述語の位置に生じる「一＋助数詞＋の」は述語の種類が限られる。述語の位置に生じる「一＋助数詞＋の」は述語であれば何でもよいのではなく，名詞述語文，「〜に過ぎない」，「〜になる」，「〜として」という4つに限られる。

(41) そういう空しい多角化をやらないというのは，何はともあれ<u>ひとつの見識</u>｜である｜と僕は——個人的にまあ——考える。(工場)

(42) 温暖化でいえば，事実として言えるのは，近年，地球の平均気温が年々上昇している，ということです。炭酸ガスの増加云々というのは，あくまでもこの温暖化の原因を説明する<u>一つの推論</u>｜に過ぎない｜。(バカ)

(43) つまり人生相談の完全なプロだから，これは連載コラムと同じように既に<u>ひとつの芸</u>｜になっていて｜，なかなか読ませる。(いかにして)

(44) また，転倒事故減少の<u>ひとつの要因</u>｜として｜，V字ジャンプというテクニックが大きく関与しているともいわれている。(V字)

　それぞれ，(41)は名詞述語文の例，(42)は「〜に過ぎない」という例，(43)は「〜になる」という例，(44)は「〜として」という例であ

108

る。４つの形式のいずれも名詞述語文が基礎になっている。

## ４.２　述語の位置に生じる「一＋助数詞＋の」の特徴

　述語の位置に生じる「一＋助数詞＋の」にはいくつか特徴がある。まず，その１つに「数量詞＋Ｎ」が非指示的名詞句となっていることが挙げられる。

(45) そういう空しい多角化をやらないというのは，何はともあれ<u>ひとつの見識</u>であると僕は──個人的にまあ──考える。(工場)

(46) 風が，現在のように飛距離に強い影響を及ぼすようになったのも，やはりＶ字ジャンプが<u>ひとつのきっかけ</u>だった．(Ｖ字)

　(45) は「一＋助数詞＋の」が措定文の述語の位置に生じたもの，(46) は「一＋助数詞＋の」が倒置指定文の述語の位置に生じたもので，いずれも非指示的名詞句となっている。

　また，述語の位置に生じる「一＋助数詞＋の」は名詞に後置できるという特徴も持っている。

(47)「ひかりを超えろ」時速をペダルを踏む人数で割り，体重と比べるところは｛<u>一つのアイデア／アイデアの一つ</u>｝だが，それが少しも生かされていない。要もう一工夫！(広場 14)

(48) 都会に住んでいる人間はどうしても「ミドリの牧場」という牧歌的なイメージを抱きがちだけれど，結局のところ，牧場だってやはり資本投下＝回収という原理によって進行している｛<u>ひとつの経済体／経済体のひとつ</u>｝にすぎない。(工場)

(49) もちろんあのヤクルトが日本シリーズに出るということがどうしてもうまく実感できなかったせいもあるけれど，それと同時にこの年が僕の人生にとっての｛<u>ひとつの分岐点／分岐点のひとつ</u>｝みたいなものになったからである。(いかにして)

(50) しかし体罰が熱心さの｛<u>ひとつの方法論／方法論のひとつ</u>｝として独り歩きを始めた時点から，それは世間的権威に裏付けされたただの卑小な暴力に変わってしまうのだ。(いかにし

て)

(51) 温暖化でいえば，事実として言えるのは，近年，地球の平均気温が年々上昇している，ということです。炭酸ガスの増加云々というのは，あくまでもこの温暖化の原因を説明する｛<u>一つの推論／推論の一つ</u>｝に過ぎない。（バカ）

(52) つまり人生相談の完全なプロだから，これは連載コラムと同じように既に｛<u>ひとつの芸／芸のひとつ</u>｝になっていて，なかなか読ませる。（いかにして）

(53) また，転倒事故減少の｛<u>ひとつの要因／要因のひとつ</u>｝として，Ｖ字ジャンプというテクニックが大きく関与しているともいわれている。（Ｖ字）

実際の例では名詞の前に「一＋助数詞＋の」という形で示されていたが，名詞の後に持ってきて「Ｎ＋の＋一＋助数詞」とすることも可能である。述語の位置に生じる「一＋助数詞＋の」にはこのような特徴もある。

さらに，述語の位置に生じる「一＋助数詞＋の」には認知的な要因とでも呼ぶべき特徴が存在する。それは主語名詞句が「一＋助数詞＋の」の後に生じる名詞句の典型とは言えないものが多いというものである。逆に，主語名詞句が「一＋助数詞＋の」の後に生じる名詞句の典型となる場合，「一＋助数詞＋の」は述語の位置に生じないと言える。

(54) あえていえば，僕自身にとって，スキーは｛<u>ひとつの宗教／宗教のひとつ</u>｝かなと思うことがある。（Ｖ字）

(55) キリスト教は｛<u>?? ひとつの宗教／宗教のひとつ</u>｝である[16]。

「スキー」のように「宗教」の典型的な例とは言えない場合，「ひとつの宗教」「宗教のひとつ」のいずれも可能である。しかし，「キリスト教」のように「宗教」の典型的な例となる場合，「宗教のひとつ」は可能であるが，「ひとつの宗教」は許容度が下がる。つまり，「一＋助数詞＋の」が述語の位置に生じることができないのである。

---

16　ただし，次のように，「は」を「も」に変えると許容度が上がる。
　（ⅰ）　キリスト教も｛<u>ひとつの宗教／宗教のひとつ</u>｝である。
このことには談話的機能も関係していると考えられる。詳細は４.４で述べる。

また，述語の位置に生じる「一＋助数詞＋の」は，どのような助数詞でも可能というわけではなく，「つ」という助数詞がそのほとんどを占めている。

(56) 人力車も｛ひとつの車／車のひとつ｝なので，人を輸送する力は十分にある。

(57) 人力車も｛? 一台の車／? 車の一台／車｝なので，人を輸送する力は十分にある。

同じようなことを表しているにもかかわらず，(56) のように「ひとつ」は使用することができるが，(57) のように「一台」はやや許容度が下がる[17]。ただし，実際の例の中には，「ひとつ」だけでなく，「一人」が使用できるものもある。

(58) ｛一人の日本人／日本人の一人｝として，小泉首相の靖国神社参拝を遺憾に思う。

(58) では「一人の日本人」「日本人の一人」のいずれも可能である。
その他にも，使用される名詞はその多くが具体的なものではないという特徴もある。実際の例には，「宗教」「要因」「きっかけ」「哲学」「見識」「方法」「芸」「文化」「伝統」「喜び」「決まり事」「分岐点」「方法論」「傾向」「姿勢」「事実」「しるし」「現象」といった名詞が使用されていた。述語の位置に生じる「一＋助数詞＋の」には以上のような特徴が存在する。

## 4.3　他の数量詞や数量詞用法とのつながり

ここで，他の数量詞との関係も考慮に入れながら，述語の位置に生じる「一＋助数詞＋の」について考察を行う。

数量詞の基本的な特徴として，「数量詞＋N」は限定的，「N＋数量詞」は部分的と指摘されている。

(59) 山田さんの2人の息子が家出した。(＝限定的)

(60) 山田さんの息子の2人が家出した。(＝部分的)

(59) の「2人の息子」の場合，山田さんの息子は2人だけということが示されるのに対して，(60) の「息子の2人」の場合，山田さんに

---

17　「つ」が抽象的なものや事態を数える助数詞ということが関係していると考えられる。

は他にも息子がいることが含意される。

　4．2で述語の位置に生じる「一＋助数詞＋の」の特徴として，名詞に後置できるということを指摘した。この場合，述語の位置に生じる「一＋助数詞＋の」は，いずれも1つだけではない。つまり，基本的には名詞に後置された「N＋の＋一＋助数詞」という構造があり，何らかの条件が関わることで「一＋助数詞＋の＋N」になると考えられる。これは，言い換えると，述語の位置に生じる「一＋助数詞＋の」は部分を表すということになる。

(61)　「そうかもしれないけど，まずい料理を残すっていうのも{<u>ひとつの見識／見識のひとつ</u>}だと思う」と僕は説明した。(パン屋)

(62)　タテマエを大事にする社会のほうが大人ではないか。つまり，ずるさも，手練手管も{<u>ひとつの文化／文化のひとつ</u>}として身についておるのさ。

(63)　主催者の側から「先生」と呼ばれるのも辛い。初めのうちは「どうかそのように呼ばないでください」などと殊勝にお願いしていたが，いちいちそうお断りするのも面倒になった。先方からすれば{<u>ひとつの「決まり事」／「決まり事」のひとつ</u>}としてそう呼んでいるにすぎないというのもわかってきたからだ。(ソウル)

　(61)の場合，「見識」が1つであるということを述べているわけではない。また，(62)や(63)も「文化」や「決まり事」が1つしかないということを述べているわけではない。「見識」や「文化」，「決まり事」は複数個存在し，その中の1つに典型とは言えない「まずい料理を残すこと」，「ずるさ」，「先生と呼ぶこと」が含まれることを示している。述語の位置に生じる「一＋助数詞＋の」には名詞に後置できるという特徴があるが，その場合，基本的には名詞に後置された「N＋の＋一＋助数詞」という構造があり，何らかの条件が関わることで「一＋助数詞＋の＋N」になるのである。よって，述語の位置に生じる「一＋助数詞＋の」は部分を明示していると言うことができる。

第6章 「一＋助数詞＋の」の意味・機能

## 4.4 「一＋助数詞＋の＋N」となる理由

それでは，なぜ名詞に後置された「N＋の＋一＋助数詞」が「一＋助数詞＋の＋N」となるのだろうか。本節では，「N＋の＋一＋助数詞」が「一＋助数詞＋の＋N」となる条件を探る。

まず，考えられるのが対比的な状況を表すというものである。これは当該の要素に当てはまるものが他にもあることを明示するために，「N＋の＋一＋助数詞」の代わりに「一＋助数詞＋の＋N」が使用されるものである。(64)(65)の場合，基本的には，「説の一つ」や「しるしのひとつ」という意味を表しているが，「説」や「しるし」と呼べるものが他にもあることを明示するために「一＋助数詞＋の＋N」が使用されている[18]。

(64) 例えば，最近では地球温暖化の原因は炭酸ガスの増加だ，というのがあたかも「科学的事実」であるかのように言われています。この説を科学者はもちろん，官公庁も既に確定した事実のようにして，議論を進めている。ところが，これは単に｛一つの説／説の一つ｝に過ぎない。(バカ)

(65) 一般的によく誤解されることだけれど，健康そのものは必ずしも善ではないと僕は思っている。あえて定義するなら，健康は善の始まりの｛ひとつのしるし／しるしのひとつ｝に過ぎないのだ。(いかにして)

(64)(65)の対比的な用法の場合，助詞に「は」が使用されている。このことも，この用法が対比と関係することを示している。

述語の位置に生じる「一＋助数詞＋の」には，もう1つ別のタイプも存在する。それは累加的な状況を表すとでも呼ぶべきものである。累加的な状況を表すというのは，ある要素が当該の要素に含まれることを明示するために，「N＋の＋一＋助数詞」の代わりに「一＋助数詞＋の＋N」が使用されるものである[19]。

(66) 正しいことだけを教えるのではなく間違ったことを教えるの

---

18　以下では，この用法を対比的な用法と呼ぶことにする。
19　以下では，この用法を累加的な用法と呼ぶことにする。

も｛一つの教育／教育の一つ｝だと思います。

(67) 「そうかもしれないけど，まずい料理を残すっていうのも｛<u>ひとつの見識／見識のひとつ</u>｝だと思う」と僕は説明した。（パン屋）

(68) 「ビスケットの缶にいろんなビスケットがつまってて，好きなのとあまり好きじゃないのがあるでしょ？それで先に好きなのどんどん食べちゃうと，あとあまり好きじゃないのばっかり残るわよね。私，辛いことがあるといつもそう思うのよ。今これをやっとくとあとになって楽になるって。人生はビスケットの缶なんだって」
　「まあ｛<u>ひとつの哲学／哲学のひとつ</u>｝ではあるな」（ノルウェイ）

(66) では「教育」の中に「間違ったことを教えること」が含まれることを表している。これと同様に，(67) では「見識」の中に「まずい料理を残す」こと，(68) では「哲学」の中に「人生はビスケットの缶である」ことが含まれることを示している。通常は，「教育」と「間違ったことを教える」，「見識」と「まずい料理を残すこと」，「哲学」と「人生はビスケットの缶であること」は結びつかないものである。しかし，「一＋助数詞＋の＋N」を使用することによって，結びつかないものが結びついていることを示している。

累加的な用法の場合，助詞に「も」が使用されている。このことも累加と関係することを示している。

(69) 正しいことだけを教えるのではなく間違ったことを教えるの｛<u>も／?は</u>｝一つの教育だと思います。

(70) Ａ：結婚は幸せの始まりと考えられているみたいだけど，僕は不幸の始まりだと思うよ。
　　Ｂ：まあ，それ｛<u>も／?は</u>｝一つの考え方かもね。

対比的な用法の場合は「は」が使用されていたが，累加的な用法の場合は「も」が使用されている。このことから，それぞれの用法が取り立て助詞の選択に影響を与えていることが分かる。

第6章 「一＋助数詞＋の」の意味・機能

　述語の位置に生じる「一＋助数詞＋の」には対比的な用法と累加的な用法という2つが存在したが，なぜ2つの用法が存在するのだろうか。先に述語の位置に生じる「一＋助数詞＋の」は部分を表すと指摘したが，部分の表し方には2つの場合があるように思われる。1つは当該の要素に当てはまるが部分的であることを示す場合，もう1つは部分的ではあるが当該の要素に当てはまるものがあることを示す場合である。前者の場合は対比的になり，後者の場合は累加的になる。つまり，対比的な用法と累加的な用法は部分を表すということから必然的に生じた用法と言えるのである。

## 4.5　述語の位置に生じる「一＋助数詞＋の」の用法間のつながり

　述語の位置に生じる「一＋助数詞＋の」には数量詞にプロミネンスが置かれた場合，対比的な用法，累加的な用法の3つが存在する。本節では，これらの3つの用法のつながりについて考察を行う。ただし，連体詞「ある」や補足語の位置に生じる「一＋助数詞＋の」とは異なり，述語の位置に生じる「一＋助数詞＋の」は非指示的名詞句であるという特徴を持つ。そのため，連体詞「ある」や補足語の位置に生じる「一＋助数詞＋の」の各用法間のつながりを考察した手法をそのまま使用することはできない。言い換えると，特定性や付加性といった観点からの分析はできないことになる。そこで，述語の位置に生じる「一＋助数詞＋の」の各用法間のつながりを考察する際に，意味や機能の派生ということを取り入れて分析を行う。

　2節で指摘したように，数量詞用法の「一＋助数詞＋の」が非指示的名詞句の位置に生じる時，数量詞にプロミネンスが置かれる。

　　（71）これは3冊の本です。1冊の本ではありません。

　この場合，3冊の本を1冊の本と対比するというニュアンスが生じている。数量詞用法の「一＋助数詞＋の」が述語の位置に置かれた場合，対比というニュアンスが生じ，そこからの派生によって述語の位置に生じる「一＋助数詞＋の」の対比的な用法が生じると考えられる。

　　（72）これは3冊の本です。1冊の本ではありません。

115

（73）例えば，最近では地球温暖化の原因は炭酸ガスの増加だ，というのがあたかも「科学的事実」であるかのように言われています。この説を科学者はもちろん，官公庁も既に確定した事実のようにして，議論を進めている。ところが，これは単に一つの説に過ぎない。（バカ）

　(72)の「一＋助数詞＋の」で生じる対比という意味が(73)のような「一＋助数詞＋の」にまで拡張される。さらに，その用法が部分を表すという点で共通する累加的な状況にまで拡張されるようになり，「一＋助数詞＋の＋N」を使用することによって，自分の意見を主張したり，相手の意見を尊重したりするという談話的機能が生まれる。

（74）A：結婚は幸せの始まりと考えられているみたいだけど，僕は不幸の始まりだと思うよ。

　　　B：まあ，それも一つの考え方かもね。

（75）正しいことだけを教えるのではなく間違ったことを教えるのも一つの教育だと思います。

　(74)では，単に累加的な状況を表すのみではなく，累加的な状況を表すことによって，一見するとおかしな「結婚が不幸の始まりだ」という相手の意見を尊重している。また，(75)では，他の人が通常は思っていない「間違ったことを教えるのも教育だ」という考えを「一＋助数詞＋の＋N」を使用して聞き手に伝えている。「一＋助数詞＋の＋N」を使用することによって，自分の意見を主張することも可能となる。

　数量詞用法が表す単数という語彙的意味が，対比という点でつながりを持つ対比的な用法では構造的意味[20]とでも呼ぶべきものになっている。また，対比的な用法と部分を表すという点でつながりを持つ累加的な用法では談話的機能が生じている。つまり，「一＋助数詞＋の」の本来の意味である語彙的意味が構造的意味を通し，談話的機能へと派生しているのである。このことを簡単に図示すると，次の図2のようになる。

---

20　対比的な用法が表す対比の意味を暫定的に，構造的意味と名づけておく。

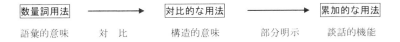

図2　述語の位置に生じる「一＋助数詞＋の」の各用法間のつながり

## 5．まとめ

　本章では，「数量詞＋N」が生じやすい場合と生じにくい場合があることを指摘し，なぜ許容度に違いがあるのかを考察した。「数量詞＋N」は補足語の位置では使用しやすく，述語の位置では使用しにくいことと補足語の位置に使用される際の名詞句の特徴を指摘した。

　次に，補足語の位置に生じる「一＋助数詞＋の」の独自性を探った。補足語の位置に生じる「一＋助数詞＋の」には連体詞「ある」などの他形式に置き換えられるものがあること，他形式に置き換えられるものには変項用法と聞き手に注目させる用法があることを指摘した。また，それぞれの用法間のつながりについても考察を行った。

　さらに，述語の位置に生じる「一＋助数詞＋の」の独自性についても考察を加えた。述語の位置に生じる「一＋助数詞＋の」には名詞に後置できるという特徴があり，対比的な用法と累加的な用法がある。数量詞用法と対比的な用法，累加的な用法とのつながりについても考察を進め，対比という概念で数量詞用法と対比的な用法がつながること，部分明示という概念で対比的な用法と累加的な用法がつながることを主張した。

　今後の課題としては，まず本章で検討した内容をどのように数量詞の研究の中に位置づけるかということが挙げられる。また，他の限定表現との関係を明らかにすることも必要になってくる。

## 現在の視点から

　本章では，「一＋助数詞＋の」について，実例を用いながら用法を確認した。現在の視点からは，第5章と同様，コーパスを使った実態調査が可能である。

　例えば，中納言 2.2.2.2 を用いて『現代日本語書き言葉均衡コーパス』（BCCWJ）を調査してみると，短単位検索でキーに「語彙素が「一」」，後方共起1語に「品詞の中分類が接尾辞 - 名詞的」，後方共起2語に「語彙素が「の」」で検索すると，23,013 件見つかった。それらの用法を一つ一つ確認することによって，「一＋助数詞＋の」の使用実態，および全体像が明らかになる。

　なお，述語の位置に生じる「一＋助数詞＋の」に関しては，建石始（2009）「非指示的名詞句における数詞「一」の独自性」（『人文』33　鹿児島県立短期大学，pp. 49-59）で詳しく論じている。

# 第7章　限定詞の階層性

## 1．はじめに

　第5章と第6章では，不定を表す限定詞である連体詞「ある」と「一＋助数詞＋の」の用法記述と各用法間のつながりについて，意味や機能を考慮に入れながら考察を行った。それぞれの用法のうち，変項を表す用法と聞き手に注目させる用法は，連体詞「ある」，「一＋助数詞＋の」の両方に存在した。本章では，まず変項を表す用法を取り上げ，連体詞「ある」と「一＋助数詞＋の」の違いについて考察を進める。具体的には，連体詞「ある」と「一＋助数詞＋の」では限定の強さに違いがあることを主張し，それが2つの形式が共起する際の語順に反映されることを主張する。

　次に，聞き手に注目させる用法を考察の対象として，語順などを手がかりにしながら，限定詞の階層性という概念を提示する。具体的には，連体詞「ある」と「一＋助数詞＋の」だけでなく，後方照応に使用される「こんな」も考察の対象に加えて，3つの形式の違いについて分析する。第3章でも指摘したように，後方照応に使用される「こんな」は「聞き手に注目させる」という談話的機能を明示的なものにする働きを持っている。よって，連体詞「ある」，「一＋助数詞＋の」と後方照応に使用される「こんな」は「聞き手に注目させる」という談話的機能を表すという点では共通する。そこで，同様の談話的機能を表す3つの形式の相違点を階層性という概念で捉える。

　連体詞「ある」，「一＋助数詞＋の」，「こんな」という3つの限定詞に対して階層性という概念で捉えることの理由は2つある。1つ目は語順を手がかりにしたいということである。連体詞「ある」と「一＋助数詞＋の」が共起する場合，必ず「ある＋一＋助数詞＋の」という語順になる。これは，言い換えると，存在に関する限定を行う連体詞「ある」が名詞から離れた位置に生じ，数量に関する限定を行う「一＋助数詞＋の」が名詞に近い位置に生じることになる。後方照応に使用される「こんな」

119

を加えることによって，存在を表す限定詞と数量を表す限定詞，さらに属性を表す限定詞の特徴と違いが明確になると考えられる。

　2つ目は「聞き手に注目させる」という談話的機能との関係である。3つの限定詞によって「聞き手に注目させる」という談話的機能を生じさせる場合，聞き手に注目させたい部分は3つの限定詞よりも後に生じる。聞き手に注目させたい部分に現れる特徴と3つの限定詞の語順との関係を分析することによって，3つの限定詞の特徴をさらに明確にすることができる。つまり，当該の名詞句の前に出てくる語順と当該の名詞句の後に出てくる部分の特徴との対応関係を階層性として提示することができるのである。

　以上のような問題意識を念頭に置きながら，以下では，具体的な分析を行っていく。

　第5章と第6章で連体詞「ある」と「一＋助数詞＋の」の用法記述と各用法間のつながりについて考察を行った。その中で，連体詞「ある」には聞き手に注目させる用法，聞き手に配慮する用法，事態の現実性を表す用法，構文的な用法，変項を表す用法という5つの用法があることを指摘した。また，「一＋助数詞＋の」は，補足語の位置に生じる場合に数量詞用法，変項を表す用法，聞き手に注目させる用法という3つの用法があり，述語の位置に生じる場合に数量詞用法，対比を表す用法，累加を表す用法という3つの用法があることを指摘した。ここから，連体詞「ある」と「一＋助数詞＋の」は変項を表す用法と聞き手に注目させる用法で重なることが分かる。そこで，本章では，まず変項を表す用法を取り上げ，連体詞「ある」が使用されたものと「一＋助数詞＋の」が使用されたものとの違いについて考察を行う。

（1）a. 物体が一度｛ある／ひとつの｝イメージを産出すると，今度はそのイメージが逆にその物体を規定するという現象なのだろうが，いずれにせよ僕にとっては迷惑きわまりない現象である。（逆襲）

　　　b. 「十」さんだけでなく，一般に難読姓事典を見ると，｛一つの／ある｝珍しい名字に対して，実にたくさんの読みがふ

られています。日本に一つしかないような姓でも，たくさんの読み方があるから不思議です。（名字）

（1）のような変項を表す用法では，連体詞「ある」と「一＋助数詞＋の」はそれぞれ互いに置き換えることができる。このような現象に対して，連体詞「ある」と「一＋助数詞＋の」には限定の強さに違いがあり，それが2つの形式が共起する際の語順に反映されるという主張を行う。

また，連体詞「ある」と「一＋助数詞＋の」にはそれぞれ，聞き手に注目させる用法がある。これは第3章で考察したコ系の指示詞による後方照応とつながりを持つ。第3章でコ系の指示詞による後方照応には「聞き手に注目させる」という談話的機能があると指摘した。「聞き手に注目させる」という談話的機能はコ系の指示詞だけでなく，（2 b）（2 c）のように連体詞「ある」や「一＋助数詞＋の」によっても表すことができる。

（2）a. 私は彼女にこんな質問をした。「あの男のどこが好きなんだ」
　　　b. 私は彼女にある質問をした。「あの男のどこが好きなんだ」
　　　c. 私は彼女に一つの質問をした。「あの男のどこが好きなんだ」

いずれの例においても，当該の名詞句を先に提示しておいて，その後の文脈でその指示対象の具体的な内容を述べている。つまり，第5章，第6章で取り上げた連体詞「ある」と「一＋助数詞＋の」の聞き手に注目させる用法は，「聞き手に注目させる」という談話的機能を持つ点において，第3章で取り上げたコ系の指示詞による後方照応とつながりを持つのである[1]。「聞き手に注目させる」という談話的機能の表し方にいくつかの方法があるならば，それらに違いがあるかどうかが問題となる。

そこで，まず，同様の談話的機能を表す連体詞「ある」，「一＋助数詞＋の」，「こんな」の共通点について考察する。具体的には，これらの3つの形式には特定で不定の名詞句を表すことが可能であり，付加形式に

---

[1] 第3章で，「この＋N」は定の名詞句として機能し，「こんな＋N」は不定の名詞句として機能すると指摘した。不定を表す限定詞である連体詞「ある」や「一＋助数詞＋の」との関係が問題になるのは，もちろん「こんな」による後方照応である。「この」による後方照応が連体詞「ある」や「一＋助数詞＋の」と置き換えられ，同じように使用できるということはない。

なり得るという共通点があることを指摘する。

　次に，同様の談話的機能を表すこれらの3つの形式には，共起する際の語順に一定の傾向があることを指摘する。また，その語順は3つの限定詞の限定の強さが反映されたものであることを主張する。

　これらの3つの形式は同様の談話的機能を表すが，特徴の違いもいくつか存在する。そこで，これらの3つの形式の特徴の違いは連体詞「ある」，「一＋助数詞＋の」，「こんな」が持つ本来の限定のあり方の違いと関連することを主張する。「ある」は存在に関する限定，「一＋助数詞＋の」は数量に関する限定，「こんな」は属性や内容といったことに関する限定を行うことが要因となって，特徴の違いが生じるのである。そして，その特徴の違いを共起する際の語順と結びつけることによって，限定詞の階層性として捉えられることを主張する。

　最後に，3つの形式が「聞き手に注目させる」という談話的機能を生じさせる理由，および「聞き手に注目させる」という談話的機能の強さを限定詞の限定の強さと結びつけながら議論を進める。以上の作業によって，第3章で問題となっていた「聞き手に注目させる」という談話的機能をさらに明確にすることが可能となり，コ系の指示詞と他の形式との関係も捉えることができる。また，限定詞の階層性という新たな概念を提示することも可能となる。

## ２．連体詞「ある」と「一＋助数詞＋の」の用法について

### ２．１　置き換えられる用法

　第5章と第6章で連体詞「ある」と「一＋助数詞＋の」の用法を記述したが，それぞれの用法には互いに置き換えられる場合が存在する。それは，連体詞「ある」と「一＋助数詞＋の」の用法の両方に存在する変項を表す用法と聞き手に注目させる用法である。

　（３）a. だからタイプが決まっちゃって，たとえば｛ある／ひとつ
　　　　　　の｝顔が気に入られたら，それじゃ次も同じようにしよう
　　　　　　か，ということはありますね。（工場）

b. 物体が一度 {ある／ひとつの} イメージを産出すると，今度はそのイメージが逆にその物体を規定するという現象なのだろうが，いずれにせよ僕にとっては迷惑きわまりない現象である。（逆襲）

c. ご存じのように，沖縄の名字は本土とまるで違っており，独自の名字に満ちています。日本人の名字は，{ある／ひとつの} 地域で発生した名字が，人が移動することによって各地に広がっていきました。（名字）

（4）a. しかし久しぶりにあらためたそんな風景を眺めているうちに僕はふと {ある／ひとつの} 事実に気づいた。人々はみんなそれぞれに幸せそうに見えるのだ。（ノルウェイ）

b. 不思議なことに，僕達は，追い越される瞬間に，三人とも，ありったけの力を，ふりしぼって，{ある／ひとつの} 言葉を叫んでいた。ほとんど同時に，同じ言葉を。「助けて！」……。（広場1）

c. 会場の入口で由紀を見失ってしまったものの，展示場の中の {ある／ひとつの} 彫刻を見て，洋は心臓が止るかと思った。『由紀』と題するその彫刻は，まさしく由紀そっくりのヌード像だったのだ。（広場3）

（3）は変項を表す用法，（4）は聞き手に注目させる用法である。（3）と（4）はいずれも，実際の例では連体詞「ある」が使用されていたものであるが，「一＋助数詞＋の」に置き換えが可能である。

また，（3）（4）とは反対に，実際の例では「一＋助数詞＋の」が使用されていたものもある。

（5）a. 日本国内を移動していると，{一つの／ある} 事件に対する地域ごとの温度差を感じるが，それと同じようなことが国レベルでも起こっているのだなと，いまさらのように実感した。（ソウル）

b. 「十」さんだけでなく，一般に難読姓事典を見ると，{一つの／ある} 珍しい名字に対して，実にたくさんの読みがふ

られています。日本に一つしかないような姓でも、たくさんの読み方があるから不思議です。（名字）

c. テストをパスするためとか、課題曲だからとか人を感心させるためだとか、そんなためばかりにピアノを弾きつづけてきたのよ。もちろんそういうのは大事なことではあるのよ、{ひとつの／ある}楽器をマスターするためにはね。でもある年齢をすぎたら人は自分のために音楽を演奏しなくてはならないのよ。（ノルウェイ）

（6）a. {ひとりの／ある}男が、大きな広告会社の受付にやってきた。五十歳ぐらいの男で、身なりはあまりよくない。しかし、口のききかたはなかなか尊大だった。（悪夢）

b. カチカチとさわやかな音がし、やがて{一枚の／ある}カードが出てくる。硬質の紙で、穴が不規則にいっぱいあいている。（悪夢）

c. {ひとりの／ある}天才ジャンパーの出現が改正のきっかけとなったといっていいでしょうね。フィンランドのニッカネンです。（V字）

（5）は変項を表す用法、（6）は聞き手に注目させる用法である。いずれも、実際の例では「一＋助数詞＋の」が使用されているが、連体詞「ある」に置き換えられるものである。

　ここまで観察してきたように、連体詞「ある」と「一＋助数詞＋の」は変項を表す用法と聞き手に注目させる用法では置き換えが可能である。それでは、連体詞「ある」と「一＋助数詞＋の」が置き換えられる場合に違いはないのかという問題が生じる。本節では、変項を表す用法を取り上げ、連体詞「ある」と「一＋助数詞＋の」では限定の強さに違いがあり、それが2つの形式が共起する際の語順に反映されるという主張を行う。

## 2.2　連体詞「ある」と「一＋助数詞＋の」の語順
　連体詞「ある」と「一＋助数詞＋の」は共起する場合がある。

（7）a. 何かに対するものの見方が，あるひとつの出来事を境に，
　　　たった一日でがらりと変わってしまうということは，たま
　　　にある。（いかにして）

　　b. 「じゃあ,不安神経症をなおすために,自己分析してみたら？
　　　愛子が，病的なくらいに執着する，あるひとつのことって
　　　何なんだ？」（私たち）

（7）は連体詞「ある」と「一＋助数詞＋の」が共起したものである。
連体詞「ある」と「一＋助数詞＋の」が共起した場合,語順に特徴が出る。
（7）からも分かるように，連体詞「ある」と「一＋助数詞＋の」が共
起する場合,通常は「ある＋一＋助数詞＋の」が使用され,その逆の「一
＋助数詞＋の＋ある」は使用されない[2]。

（8）a. ??何かに対するものの見方が,ひとつのある出来事を境に,
　　　たった一日でがらりと変わってしまうということは，たま
　　　にある。

　　b. ??「じゃあ，不安神経症をなおすために，自己分析してみ
　　　たら？愛子が，病的なくらいに執着する，ひとつのあるこ
　　　とって何なんだ？」

（8）からも，「一＋助数詞＋の＋ある」という語順は，（7）の「あ
る＋一＋助数詞＋の」という語順よりもかなり許容度が下がることが分
かる。以下では，連体詞「ある」と「一＋助数詞＋の」が共起する際の
語順は，2つの形式の限定の強さが反映された結果であるという主張を
行う。

## 2.3　限定詞の限定の強さ

　連体詞「ある」と「一＋助数詞＋の」が共起する際の語順を後の名詞
との関係から捉え直すと，連体詞「ある」は後の名詞から離れた位置に
生じるのに対して，「一＋助数詞＋の」は後の名詞に近い位置に生じる

---

2　連体詞「ある」や「一＋助数詞＋の」の実例を収集したところ,実例が存在したのは「あ
る＋一＋助数詞＋の」という語順のものだけで,「一＋助数詞＋の＋ある」という語順のも
のは見つからなかった。このことも,「一＋助数詞＋の＋ある」という語順よりも「ある＋
一＋助数詞＋の」という語順のほうが使用されやすいことを裏づける根拠となる。

ということになる。これは，言い換えると，存在に関する限定を行うものが名詞から離れた位置に生じ，数量に関する限定を行うものが名詞に近い位置に生じることになる。

ここで，限定詞の限定の強さという観点を導入する。限定詞の限定の強さは当該の限定詞がどのような限定を行うかによって決まる。連体詞「ある」は存在に関する限定を行う。このことは，言い換えると，連体詞「ある」は存在に関してしか限定を行わないため，意味的に弱い限定になる。これに対して，「一＋助数詞＋の」は数量に関する限定を行う。「一＋助数詞＋の」が行う数量に関する限定はある名詞の存在を前提にしており，連体詞「ある」よりも意味的に強い限定になると考えられる。

2.2で連体詞「ある」と「一＋助数詞＋の」が共起する際，「ある＋一＋助数詞＋の」という語順になり，存在に関する限定を行うものが名詞から離れた位置に，数量に関する限定を行うものが名詞に近い位置に生じることを指摘した。このことには，限定詞の限定の強さが反映されていると考えられる。連体詞「ある」は意味的に弱い限定を行うので，名詞から離れた位置に生じる。一方，「一＋助数詞＋の」は連体詞「ある」よりも意味的に強い限定を行うので，名詞に近い位置に生じるのである。

連体詞「ある」と「一＋助数詞＋の」が行う限定の強さに違いがあることを示す現象として，次のものが取り上げられる。

(9) a. この手紙は何を意味しているのだ，いったい？僕の頭はひどく漠然としていて，ある文章とある文章のつながりの接点をうまくみつけることができなかった。

　　 b. 僕はある町からある町へと列車やバスで，あるいは通りかかったトラックの助手席に乗せてもらって移動し，空地や駅や公園や川辺や海岸やその他眠れそうなところがあればどこにでも寝袋を敷いて眠った。

　　 c. 彼は地面を踏み，優雅に腕をまわした。ある動きがある動きを呼び，更に次の動きへと自律的につながっていった。

(10) a. ＊この手紙は何を意味しているのだ，いったい？僕の頭はひどく漠然としていて，ひとつの文章とひとつの文章のつ

ながりの接点をうまくみつけることができなかった。

b. ＊僕はひとつの町からひとつの町へと列車やバスで，あるいは通りかかったトラックの助手席に乗せてもらって移動し，空地や駅や公園や川辺や海岸やその他眠れそうなところがあればどこにでも寝袋を敷いて眠った。

c. ＊彼は地面を踏み，優雅に腕をまわした。<u>ひとつの動き</u>が<u>ひとつの動き</u>を呼び，更に次の動きへと自律的につながっていった。

（9）のように，連体詞「ある」を複数回使用した「ある＋N……ある＋N」という形は可能である。これに対して，「一＋助数詞＋の」を複数回使用した「一＋助数詞＋の＋N……一＋助数詞＋の＋N」という形は使用することができない。連体詞「ある」は存在に関する限定を行っており，意味的に弱い限定を行っている。そのため，複数回使用することができる。一方，「一＋助数詞＋の」は数量に関する限定を行っており，連体詞「ある」よりも意味的に強い限定を行う。そのため，複数回は使用できないのである。

限定詞の限定の強さに関しては5節で改めて議論を行う。以下では，連体詞「ある」と「一＋助数詞＋の」の両方に存在する聞き手に注目させる用法を取り上げ，限定詞の階層性について議論を進める。

## 3．同様の談話的機能を表す3つの形式の共通点

連体詞「ある」と「一＋助数詞＋の」の聞き手に注目させる用法は，その2つの形式だけでなく，他の形式によっても表すことができる。それは第3章で分析したコ系の指示詞による後方照応である。コ系の指示詞による後方照応には「聞き手に注目させる」という談話的機能が存在した。「聞き手に注目させる」という談話的機能はコ系の指示詞だけでなく，連体詞「ある」や「一＋助数詞＋の」によっても表すことが可能である。このことを次の例で確認する。

（11）あれから数日間考えて，｛こんな／ある／一つの｝結論が出ました。<u>僕は研究を辞めます</u>。僕には才能がないし，続けてい

ても仕方ありません。

(12) しかし久しぶりにあらためてそんな風景を眺めているうちに僕はふと {ある／こんな／一つの} 事実に気づいた。<u>人々はみんなそれぞれに幸せそうに見える</u>のだ。（ノルウェイ）

(13) もどかしい気分。それはしだいに高まり，{ひとつの／こんな／ある} 形となった。<u>あの老人の記憶を取り戻させようというキャンペーン。みんなで治療費を出しあって，最高の手当をほどこそうではないか。</u>マスコミはそれに力を貸した。（悪夢）

(14) 私達はすっかりこの奇蹟的現象にも馴れてしまっていた。そんな或る日，私は息子がしきりに {ある／こんな／一つの} 言葉を口にしているのに気附いた。それは，<u>"うあい，うあい"という言葉</u>だった。（広場2）

　(11) ～ (14) のいずれの例においても，当該の名詞句を先に提示しておいて，その指示対象[3]の具体的な内容をその後の文脈で述べている。通常の語順ではなく，先に当該の名詞句を提示するのは，「聞き手に注目させる」という談話的機能を生じさせるためである。以上のような現象から，「聞き手に注目させる」という談話的機能はコ系の指示詞だけでなく，連体詞「ある」や「一＋助数詞＋の」によっても生じさせられることが分かる。

　変項を表す用法では，連体詞「ある」と「一＋助数詞＋の」の2つの形式の違いを考察した。聞き手に注目させる用法では，連体詞「ある」と「一＋助数詞＋の」だけでなく，「こんな」との違いも問題になる。よって，以下では，連体詞「ある」，「一＋助数詞＋の」，「こんな」という3つの形式に共通する特徴を観察し，3つの形式の共起順序を手がかりにしながらその違いについて考察を行う。

---

3　(11) では「結論」，(12) では「事実」，(13) では「形」，(14) では「言葉」のことである。

## 3.1　同様の談話的機能を表す３つの形式の共通点

### 3.1.1　特定かつ不定

　第５章，第６章で検討したように，連体詞「ある」と「一＋助数詞＋の」は不定を表す限定詞であった。また，第３章でコ系の指示詞による後方照応の分析を行ったが，その中で「この」による後方照応と「こんな」による後方照応では違いがあることを指摘した。その１つに「この＋N」は定の名詞句として機能するのに対して，「こんな＋N」は不定の名詞句として機能するというものがあった。よって，連体詞「ある」，「一＋助数詞＋の」，「こんな」という３つの形式の共通点として，後に名詞句がある場合，特定で不定の名詞句として機能することが挙げられる。特定で不定の名詞句とは，話し手は当該の指示対象を唯一に同定できるが，聞き手は同定できない名詞句のことである。第３章でのコ系の指示詞による後方照応の分析において，定の名詞句として機能しているかどうかを判断する材料として主題化を取り上げた。その中で「この＋N」は主題化しやすく，定の名詞句として機能しやすいのに対して，「こんな＋N」は必ずしも主題化される必要はなく，不定の名詞句として機能することができるという主張を行った。このことを本節での議論に当てはめてみる。

(15)　a.　このこと|は|公にはされていませんが，彼の死は自殺ではなく他殺なのです。

　　　b.　\*あること|は|公にはされていませんが，彼の死は自殺ではなく他殺なのです。

　　　c.　\*一つのこと|は|公にはされていませんが，彼の死は自殺ではなく他殺なのです。

(16)　a.　こんな質問|を|彼女にした。「あの男のどこが好きなんだ」

　　　b.　ある質問|を|彼女にした。「あの男のどこが好きなんだ」

　　　c.　一つの質問|を|彼女にした。「あの男のどこが好きなんだ」

　(15) は主題化されている例，(16) は主題化されていない例である。それによると，連体詞「ある」や「一＋助数詞＋の」は (15a) の「この」による後方照応のように主題化することができず，(16a) の「こん

な」による後方照応と同様の機能を持っていることが分かる。(15b)(15c)からも分かるように,「ある＋N」や「一＋助数詞＋の＋N」を主題化することができず,特定で不定の名詞句として機能しているのである。

## ３．１．２　付加形式

　同様の談話的機能を表す３つの形式の共通点として,付加形式になり得ることが挙げられる。第３章でのコ系の指示詞による後方照応の分析の中で,「こんな」による後方照応は裸名詞でも「聞き手に注目させる」という談話的機能が生じるが,「こんな」を付加することによって「聞き手に注目させる」という談話的機能を明示的にすることができると指摘した。

　(17) a. 山下君から君が研究を辞めるという話を聞いたよ。

　　　　b. 山下君から話を聞いたよ。君は研究を辞めるそうだね。

　　　　c. 山下君からこんな話を聞いたよ。君は研究を辞めるそうだね。

　(17a) は通常の語順であり,(17b) は裸名詞を使用して「聞き手に注目させる」という談話的機能を生じさせたものである。(17b) のような裸名詞の段階でも「聞き手に注目させる」という談話的機能が生じているが,(17c) のように「こんな」を付加的に使用することによって,後方照応であることが明示され,「聞き手に注目させる」という談話的機能を明示的に示すことができるのである。

　第３章で「こんな」による後方照応について指摘したことは,連体詞「ある」や「一＋助数詞＋の」を使用して「聞き手に注目させる」という談話的機能を表す際にもそのまま当てはまる。

　(18) a. 山下君から君が研究を辞めるという話を聞いたよ。

　　　　b. 山下君から話を聞いたよ。君は研究を辞めるそうだね。

　　　　c. 山下君からある話を聞いたよ。君は研究を辞めるそうだね。

　　　　d. 山下君から一つの話を聞いたよ。君は研究を辞めるそうだね。

　連体詞「ある」や「一＋助数詞＋の」を使用した場合も「こんな」による後方照応と同様に,(18b) のような裸名詞の段階でも「聞き手に注目させる」という談話的機能が生じている。しかし,(18c)(18d) のよ

うに連体詞「ある」や「一＋助数詞＋の」を付加的に使用することによって,「聞き手に注目させる」という談話的機能が明示されるのである。以上の例から,連体詞「ある」,「一＋助数詞＋の」と「こんな」の共通点として付加形式になり得るということが挙げられる。

## 3.2　同様の談話的機能を表す３つの形式の共起順序

「聞き手に注目させる」という談話的機能を表す際に,連体詞「ある」,「一＋助数詞＋の」,「こんな」という３つの形式のうち,常に１つだけが選択されて使用されるものではない。２つの形式が使用されることもあれば,３つの形式の全てが使用されることも十分にあり得る。そして,２つ以上の形式が使用される場合,その語順には一定の傾向があると考えられる。まず,２つの形式が共起する場合の語順を実例から観察する。次の例は連体詞「ある」と「一＋助数詞＋の」の２つが共起した例である。

 (19)　少しは役に立つものもあれば,殆ど何の役にも立たないものもある。しかしそれらはあるひとつの共通する特質をもって僕のまわりをとりかこんでいる。それは<u>〈簡単には捨てることができない〉という特質</u>である。(逆襲)

２節でも指摘したように,連体詞「ある」と「一＋助数詞＋の」が共起した場合,連体詞「ある」が「一＋助数詞＋の」よりも前に位置する。このことをごく簡単に［連体詞「ある」＜「一＋助数詞＋の」］のように示す。連体詞「ある」と「一＋助数詞＋の」が共起する場合の語順は,通常［連体詞「ある」＜「一＋助数詞＋の」］というものになる。それでは,３つの形式が同時に共起した場合,その語順はどうなるであろうか。

連体詞「ある」と「一＋助数詞＋の」が共起した場合の語順が［連体詞「ある」＜「一＋助数詞＋の」］のようになるので,３つの形式が共起した場合の語順は①［「こんな」＜連体詞「ある」＜「一＋助数詞＋の」］,②［連体詞「ある」＜「こんな」＜「一＋助数詞＋の」］,③［連体詞「ある」＜「一＋助数詞＋の」＜「こんな」］のいずれかである。①～③のうち,どれが一番自然な語順なのかを次の例から確認する。

 (20)　a.　私は一晩考えて,<u>{ある／一つの／こんな}</u>結論を出した。

それは<u>大学を辞めるというもの</u>だった。

b. ?私は一晩考えて，<u>こんなある一つの結論</u>を出した。それ
は<u>大学を辞めるというもの</u>だった。

c. ??私は一晩考えて，<u>あるこんな一つの結論</u>を出した。そ
れは<u>大学を辞めるというもの</u>だった。

d. 私は一晩考えて，<u>ある一つのこんな結論</u>を出した。それは
<u>大学を辞めるというもの</u>だった。

(20a) からこの文脈では連体詞「ある」，「一＋助数詞＋の」，「こんな」
という 3 つの形式が使用できることが分かる。そして，(20b)(20c)(20d)
を比べた場合，筆者の語感では，①［「こんな」＜連体詞「ある」＜「一
＋助数詞＋の」］という語順や，②［連体詞「ある」＜「こんな」＜「一
＋助数詞＋の」］という語順よりも，③［連体詞「ある」＜「一＋助数
詞＋の」＜「こんな」］という語順が最も自然である。また，筆者が授
業を担当していた神戸学院大学と神戸ＹＷＣＡ学院専門学校の受講生
90 人[4] にアンケートをとったところ，①が 23 人（約 26％），②が 12 人
（約 13％），③が 55 人（約 61％）という結果が出た。このアンケートも
3 つの形式が共起する場合に，③［連体詞「ある」＜「一＋助数詞＋の」
＜「こんな」］という語順が最も自然であることを反映した結果と考え
られる。

③［連体詞「ある」＜「一＋助数詞＋の」＜「こんな」］という語順は，
それぞれの限定詞の特徴を非常にうまく反映している。連体詞「ある」
は存在に関する限定，「一＋助数詞＋の」は数量に関する限定，「こんな」
は属性，内容に関する限定を行っている。 3 つの形式が③［連体詞「ある」
＜「一＋助数詞＋の」＜「こんな」］という語順で共起するのは，存在
に関する限定を行う連体詞「ある」が名詞から一番離れた位置，数量に
関する限定を行う「一＋助数詞＋の」が真ん中の位置，属性や内容に関
する限定を行う「こんな」が名詞に一番近い位置に生じると言い換える
ことができる。意味的に弱い限定である存在が一番外側に生じ，次に弱

---

4　男女比は男性が 18 人に対して，女性が 44 人である。また，年齢も 18 歳から 54 歳まで
と幅広いものである。

い限定である数量が真ん中に生じ，意味的に最も強い限定である属性・内容が一番内側に生じるのである。つまり，意味的な限定の強さが３つの形式の共起順序に反映され，［存在＜数量＜属性・内容］という順序が最も自然になるのである。

それでは，「聞き手に注目させる」という談話的機能を表すために使用される３つの形式には何か違いはないだろうか。以下では，名詞の制約，聞き手に注目させたい情報がどの位置に現れ得るか，聞き手に注目させたい情報の性質という３点について考察を進め，語順とのつながりを考慮に入れながら，限定詞の階層性を提示する。

## 4．同様の談話的機能を表す３つの形式の違い

本節では，「聞き手に注目させる」という談話的機能を表すのに使用される３つの形式の違いについて考察を進める。名詞の制約，聞き手に注目させたい情報がどの位置に現れ得るか，聞き手に注目させたい情報の性質という３点について考察を進め，語順とのつながりを考慮に入れながら，限定詞の階層性を提示する。

### 4．1　名詞の制約

連体詞「ある」，「一＋助数詞＋の」，「こんな」はいずれも「聞き手に注目させる」という談話的機能を表すために使用することができる。しかし，これらの３つの形式には３節で観察した点以外にも違いが存在する。まず，名詞の制約から確認する。

「一＋助数詞＋の」と「こんな」は使用することができるが，連体詞「ある」は使用できない名詞がある。

(21) a. ふと気がつくと，私は {*ある／一匹の／こんな} 蚊に血を吸われていた。背中に羽根が６つもあり，色も真っ赤，明らかに毒を持っているものだった[5]。

---

5　ただし，「聞き手に注目させる」という談話的機能を表すものでなければ「ある蚊」ということができる。例えば，次の例がそれに該当する。
　(i) 帰宅すると，家の中には多くの蚊が飛んでいた。ある蚊は羽根が６つもあり，ある蚊は羽根が８つもあった。

b. 大雨の夜，私は｛＊ある／一台の／こんな｝ タクシー に乗った。運転手は親切で，乗り心地の良いタクシー。私は思わずその中で眠ってしまった。そして，それが全ての始まりだった。

c. ずっと祈り続けていると，｛＊ある／一つの／こんな｝ 奇跡 が起こった。今まで見えなかった眼が突然見えるようになったのである。

(21) に使用されている名詞は，それぞれ「蚊」，「タクシー」，「奇跡」である。これらの名詞は数の概念が強い名詞とでも呼ぶべき共通する性質を持っている。数の概念が強い名詞では，「一＋助数詞＋の」や「こんな」は使用することができるが，連体詞「ある」は使用することができないという違いがある[6]。

また，「こんな」は使用することができるが，連体詞「ある」や「一＋助数詞＋の」が使用できない名詞もある。

(22) a. しばらく押し問答をつづけたすえ，加奈子は「じゃあ，｛＊ある／＊一つの／こういう｝ の どうですか？」とマネジャーに言った。「テイクアウトできるもの，なにかありますよね。それを注文して，どこか近くの公園で食べますから」（夕刊）

b. 「旅行の楽しさは，旅先での思わぬ失敗にあるようです。それがひとつもなくなるとちっとも面白くありません。このごろは，｛＊ある／＊一つの／こんな｝ 気 がしていますよ。旅行をしているのはこのカバンのほうで，わたしはそれにくっついている荷物なのじゃないかと」（悪夢）

(22) で使用されている名詞は「の」，「気」というものである。これらの名詞は独立性が低い名詞という共通する性質を持っている。「の」

---

(ⅰ) のような構文的な用法の連体詞「ある」は「ある蚊」ということができる。

6 実例から連体詞「ある」が使用されたものを集めると，次のような名詞があった。
「国」・「家」・「事実」・「こと」・「考え」・「骨」・「女の子」・「言葉」・「おじいさん」・「もの」・「事件」・「彫刻」・「楽しみ」・「諺」・「方法」・「部屋」・「プラン」・「思い」・「特技」・「発見」・「事柄」・「記事」・「実験」・「物質」・「転機」・「新聞広告」

や「気」といった独立性の低い名詞では，「こんな」は使用することができるが，連体詞「ある」や「一＋助数詞＋の」は使用することができない。

　以上をまとめると，次のようになる。連体詞「ある」は使用できる名詞の種類が最も制限され，数の概念が強い名詞や独立性の低い名詞には使用することができない。「一＋助数詞＋の」は数の概念が強い名詞は使用することができるが，独立性の低い名詞には使用することができない。これに対して，「こんな」はどのような名詞でも使用することができる。

　同様の談話的機能を表す3つの形式に上記のような名詞の制約の違いが生じることには，3つの形式の限定の強さが深く関係している。連体詞「ある」は意味的に弱い限定しか行わないので，限定できる名詞の種類が限られる。「一＋助数詞＋の」は連体詞「ある」よりも意味的に強い限定を行うので，数の概念が強い名詞は限定できる。「こんな」は3つの形式の中で意味的に最も強い限定を行うので，どのような名詞にも属性や内容を付与することができる。よって，名詞の制約がなく，どのような名詞でも限定できるのである。

## 4．2　聞き手に注目させたい情報の位置

　同様の談話的機能を表す3つの形式には，聞き手に注目させたい情報がどの位置に現れ得るかという点に関して違いが生じる。

　連体詞「ある」や「一＋助数詞＋の」と「こんな」には，聞き手に注目させたい情報が現れる前に別の文脈を挿入することができるかどうかで違いがある。連体詞「ある」や「一＋助数詞＋の」は聞き手に注目させたい情報が現れる前に別の文脈を挿入することができるのに対して，「こんな」は別の文脈を挿入することができない。

　　　(23) a. 記憶している一番古い夢は，四つのときのものです。それは，｛ある／一人の／??こんな｝おじいさんが泣いている夢でした。棺の前で泣いているのです。白髪で，やせている人でした。(広場2)

b. 不思議なことに，僕達は，追い越される瞬間に，三人とも，ありったけの力を，ふりしぼって，{ある／一つの／ ?? こんな}言葉を叫んでいた。ほとんど同時に，同じ言葉を。「助けて！」……。（広場 1）

　（23a）では，聞き手に注目させたい情報である「白髪でやせている人」の前に「棺の前で泣いているのです」という文脈が挿入されている。また，（23b）では，聞き手に注目させたい情報である「助けて！」の前に「ほとんど同時に，同じ言葉を」という文脈が挿入されている。連体詞「ある」や「一＋助数詞＋の」は聞き手に注目させたい情報の前に別の文脈を挿入することができるのに対して，「こんな」は別の文脈を挿入することができない。

　連体詞「ある」は聞き手に注目させたい情報を聞き手に問いかけることができるのに対して，「こんな」と「一＋助数詞＋の」は聞き手に注目させたい情報を聞き手に問いかけることができない。

　（24）a. その夜のニュースは，{ある／一つの／こんな}ショッキングな事件を報道した。「ごみ収集所で十億円見付かる」（広場 4）

　　　b. A：その夜のニュースは，{ある／ ?? 一つの／ * こんな}ショッキングな事件を報道したんだよ。どんな事件だと思う？

　　　　　B：分からないな。

　　　　　A：実は「ゴミ収集所で十億円見付かる」っていうニュースだったんだよ。誰が落としたんだろうね。

　（24a）は後方照応先が直後に現れる例であり，その場合は連体詞「ある」，「一＋助数詞＋の」，「こんな」の全てを使用することができる。しかし，（24b）のように，「ゴミ収集所で十億円見付かる」という内容を聞き手に問いかけた場合，連体詞「ある」は使用することができるが，「一＋助数詞＋の」や「こんな」は使用することができない。

　以上をまとめると，次のようになる。「こんな」は聞き手に注目させたい情報が現れる位置が一番狭く，当該の名詞句の直後でなければなら

ない。「一＋助数詞＋の」は話し手の発話内であれば聞き手に注目させたい情報の前に別の文脈を挿入することが可能であるが，聞き手に問いかけることはできない。連体詞「ある」は聞き手に注目させたい情報が現れる位置が最も広く，聞き手に問いかけることも可能である。

　同様の談話的機能を表す３つの形式に，聞き手に注目させたい情報が現れる位置に関して違いが生じるのは，３つの形式の限定の強さが深く関係している。連体詞「ある」は意味的に弱い限定なので，聞き手に問いかけることも可能となる。一方，「一＋助数詞＋の」は連体詞「ある」よりも強い限定となるので，話し手の発話内において当該の名詞句について後で述べることが可能であるが，聞き手に問いかけることはできない。また，「こんな」は３つの形式の中で意味的に最も強い限定なので，聞き手に注目させたい情報が現れる位置があまり離れすぎてはいけないという制約が生じる。

## 4.3　聞き手に注目させたい情報の性質

　同様の談話的機能を表す３つの形式には，聞き手に注目させたい情報の性質についても違いが生じる。

> (25) a. しかし，一方蟻の様子を見て，トシオは一抹の不安を感じた。ふっと {ある／一つの／こんな} 諺を思い出したのだった。『沈没する船から鼠は逃げ出す』。(広場 5)
>
> 　　　 b. しかし，一方蟻の様子を見て，トシオは一抹の不安を感じた。ふっと {ある／一つの／??こんな} 諺を思い出したのだった。子供の頃におじいさんに教えてもらった諺を。

　(25a)は聞き手に注目させたい情報が「諺」の具体的な内容である「『沈没する船から鼠は逃げ出す』」というものである。この場合，３つの形式の全てを使用することができる。これに対して，(25b)は聞き手に注目させたい情報が「子供の頃におじいさんに教えてもらった諺」となっている。この場合，連体詞「ある」と「一＋助数詞＋の」は使用することができるが，「こんな」は使用することができない。そこで，「こんな」が使用される場合，聞き手に注目させたい情報がどのようなものになる

のかを観察する。

「こんな」が使用される場合，聞き手に注目させたい情報は内容節や属性叙述と深い関わりを持つ。

(26) a. 私は背が高くて目が大きい女性に会った。（属性叙述の内の関係）

b. 私は｛ある／一人の／こんな｝女性に会った。それは背が高くて，目が大きく，性格も素晴らしい理想的な女性だった。

(27) a. 私は『沈没する船から鼠は逃げ出す』という諺を思い出した。（内容節）

b. 私は｛ある／一つの／こんな｝諺を思い出した。『沈没する船から鼠は逃げ出す』

(26a) は通常の語順であり，当該の名詞句は属性叙述の内の関係の連体修飾節で表されている。また，(27a) は通常の語順であり，当該の名詞句は内容節の連体修飾節で表されている。このような内容の場合，(26b) (27b) のように，連体詞「ある」，「一＋助数詞＋の」，「こんな」の全てを使用することができる。しかし，次の例では「こんな」を使用することができない。

(28) a. 私は子供の頃におじいさんに教えてもらった諺を思い出した。（属性叙述ではない内の関係）

b. 私は｛ある／一つの／?? こんな｝諺を思い出した。子供の頃におじいさんに教えてもらった諺を。

(28a) は通常の語順であり，当該の名詞句は属性叙述ではない内の関係の連体修飾節で表されている。このような内容の場合，連体詞「ある」と「一＋助数詞＋の」は使用することができるが，「こんな」は使用することができない。仮に (28b) で「こんな」が使用された場合は，その後の文脈で「どんな」という質問をしたくなる。このことから，「こんな」によって「聞き手に注目させる」という談話的機能を表すためには，聞き手に注目させたい情報が属性叙述の内の関係か内容節でなければならないことが分かる。逆に言うと，「こんな」によって「聞き手に注目さ

せる」という談話的機能を表すために，属性叙述ではない内の関係を使用するのは属性を規定するものとしては弱すぎることになる。

また，連体詞「ある」や「一＋助数詞＋の」は当該の人や物の動作・行為を表すことも可能である。

(29) a. ｛ある／ひとりの／＊こんな｝青年が一流ホテルの最も豪華な部屋で，好き勝手な生活をつづけている。好きな時に起き，だらしなく酒を飲みつづけている。腹がへると料理を運ばせて食う。

b. ここはとある医科大学の研究室。そこへ｛ある／一人の／＊こんな｝学生がやって来た。
「教授，最近よく眠れないんです」
「ほう，きみは私の講義をとっている学生だな。どうしたんだろうね」

(29a) では青年の「好きな時に起き，だらしなく酒を飲みつづけている。腹がへると料理を運ばせて食う」という生活態度が述べられており，(29b) では学生の発話が述べられている。この場合，連体詞「ある」や「一＋助数詞＋の」は使用することができるが，「こんな」は使用することができない。(29) のような例からも，「こんな」が聞き手に注目させたい情報の内容が制限されていることが分かる。

次に，連体詞「ある」と「一＋助数詞＋の」や「こんな」の違いとして，次の現象を取り上げる。

(30) a. そんなわけで，二人は知りあいになった。女は由紀子といった。父は｛ある／?? 一つの／＊こんな｝会社の社長で，生活に困らない。外国へ留学して帰ってきて，いまは毎日ぶらぶらしているの。女はそんなふうに自己紹介した。(悪夢)

b. 我々は僕の会社が催したキャンペーンのためのパーティーで顔を合わせた。僕は｛ある／?? 一つの／＊こんな｝大手の電器器具メーカーの広告部に勤めていて，ちょうどそのとき秋の結婚シーズンと冬のボーナス時期にあわせて発売する予定の一連の台所電化製品のプレス・パブリシティ

ーを担当していた。（パン屋）

　（30a）では「会社」，（30b）では「大手の電器器具メーカー」が問題になっているが，その後の文脈で具体的な内容が示されているわけではない。この場合，連体詞「ある」は使用することができるが，「一＋助数詞＋の」や「こんな」は使用することができない。つまり，連体詞「ある」は当該の名詞句の話題に触れないことも可能であるのに対して，「一＋助数詞＋の」や「こんな」はそれができないという違いがある[7]。

　以上をまとめると，次のようになる。「こんな」は聞き手に注目させたい情報が当該の名詞句の属性や内容でなければならない。「一＋助数詞＋の」はその後の文脈で聞き手に注目させたい情報に触れていれば内容は自由であり，当該の人物・ものの動作や行為を表すものでも可能である。連体詞「ある」は聞き手に注目させたい情報がどのようなものでも可能であり，当該の名詞句について触れなくてもよい。

　同様の談話的機能を持つ3つの形式に，本節で観察してきたような違いが生じることには，3つの形式の限定の強さが深く関係している。連体詞「ある」は意味的に弱い限定なので，聞き手に注目させたい情報が属性や内容を必ずしも述べる必要はなく，どのような内容でも許容される。「一＋助数詞＋の」は連体詞「ある」よりも意味的に強い限定なので，その後の展開を述べることが可能である。「こんな」は3つの形式の中で意味的に最も強い限定なので，後の文脈で聞き手に注目させたい情報が制限され，属性や内容に触れなければならないという制約が生じる。

## 4.4　限定詞の階層性

　本節では，同様の談話的機能を表すのに使用される3つの形式の特徴の違いについて考察した。その内容をまとめると，次のようになる。

　名詞の制約に関しては，連体詞「ある」は使用できる名詞の種類が最も制限され，数の概念が強い名詞や独立性の低い名詞には使用することができないという特徴がある。「一＋助数詞＋の」は数の概念が強い名

---

7　連体詞「ある」のこのような用法は，第5章で聞き手に配慮する用法として位置づけたものである。

詞は使用することができるが，独立性の低い名詞には使用することができない。「こんな」はどのような名詞でも使用することができる。

　聞き手に注目させたい情報が現れ得る位置に関しては，「こんな」は聞き手に注目させたい情報が現れ得る位置が一番狭く，当該の名詞句の直後でなければならないという特徴がある。「一＋助数詞＋の」は話し手の発話内であれば，聞き手に注目させたい情報の前に別の文脈を挿入することが可能であるが，聞き手に問いかけることはできない。連体詞「ある」は聞き手に注目させたい情報が現れ得る位置が一番広く，聞き手に問いかけることも可能である。

　聞き手に注目させたい情報の性質に関しては，「こんな」は聞き手に注目させたい情報が当該の名詞句の属性や内容でなければならないという特徴を持つ。「一＋助数詞＋の」はその後の文脈で聞き手に注目させたい情報に触れておけば内容は自由であり，当該の人物・ものの動作や行為を表すものでも可能であるが，聞き手に注目させたい情報に必ず触れなければならない。連体詞「ある」は聞き手に注目させたい情報がどのようなものでも可能であり，聞き手に注目させたい情報に触れなくてもよいという特徴を持つ。

　以上のことを簡単に表にまとめたものが次のものである。

### 表１　３つの形式の特徴の違い

|  | 名詞の制約 | 聞き手に注目させたい<br>情報が現れ得る位置 | 聞き手に注目させたい<br>情報の性質 |
|---|---|---|---|
| 連体詞「ある」 | 数の概念が強い<br>名詞や独立性の<br>低い名詞は不可 | 聞き手への<br>問いかけも可能 | どのような内容でも可能<br>（当該の名詞句の内容に<br>言及しなくてもよい） |
| 「一＋助数詞＋の」 | 独立性の低い<br>名詞は不可 | 話し手の発話内 | 当該の名詞句の動作や<br>行為にまで言及可能 |
| 「こんな」 | どのような<br>名詞も可能 | 直後のみ | 内容節と属性<br>叙述に限られる |

「聞き手に注目させる」という談話的機能を表すのに使用される連体詞「ある」,「一＋助数詞＋の」,「こんな」という3つの形式には以上のような特徴の違いがある。

同様の談話的機能を表す3つの形式には共起する語順にも違いが存在した。3つの形式が共起する語順は,連体詞「ある」が名詞から一番離れた位置,「一＋助数詞＋の」がその次の位置,「こんな」が名詞に一番近い位置となる。共起する語順と先に見た3つの形式の特徴の違いを加えて階層的に捉えたものが次の図1である。

## 限定詞の階層性

図1　限定詞の階層性の図

同様の談話的機能を表す3つの形式が共起する語順は,連体詞「ある」が名詞から最も離れた位置,「一＋助数詞＋の」が真ん中の位置,「こんな」が名詞に最も近い位置となる。そして、3つの形式の特徴の違いから,次のことが言える。名詞から最も離れた位置に現れる連体詞「ある」は意味的に弱い限定を行うので，名詞の制約が多くなる。また，聞き手に注目させたい情報が現れ得る位置も最も広く，聞き手に注目させたい情報の内容も自由となる。真ん中の位置に現れる「一＋助数詞＋の」は連体詞「ある」よりも意味的に強い限定を行うので，名詞の制約は連体

詞「ある」よりも少ない。また，聞き手に注目させたい情報が現れ得る位置は連体詞「ある」に比べると狭く，聞き手に注目させたい情報の内容も制限される。名詞に最も近い位置に現れる「こんな」は意味的に強い限定を行うので，名詞の制約は存在しない。また，聞き手に注目させたい情報が現れ得る位置が直後でなければならず，聞き手に注目させたい情報の内容も最も制限される。以上のことは図1のように，限定詞の階層性として捉えることができる。

## 5．談話的機能と限定詞の限定の強さ

　本節では，まず連体詞「ある」,「一＋助数詞＋の」,「こんな」がなぜ「聞き手に注目させる」という談話的機能を生じさせるのかについて考察する。次に，「聞き手に注目させる」という談話的機能を生じさせるために使用される連体詞「ある」，「一＋助数詞＋の」，「こんな」には，4節で観察した点以外にも違いがあることを指摘する。さらに，3つの形式の限定の強さの違いが，「聞き手に注目させる」という談話的機能の強さにも反映されることを主張する。

### 5．1　談話的機能が生じる理由

　連体詞「ある」,「一＋助数詞＋の」,「こんな」は「聞き手に注目させる」という談話的機能を生じさせるという点で共通する。しかし，その3つの形式には特徴の違いも存在し，4節では限定詞の階層性として捉えた。それでは，なぜその3つの形式を使用することによって，「聞き手に注目させる」という談話的機能が生じるのであろうか。本節では，連体詞「ある」，「一＋助数詞＋の」，「こんな」では「聞き手に注目させる」という談話的機能が生じる理由が異なることを主張する。

　連体詞「ある」を使用することによって「聞き手に注目させる」という談話的機能が生じる場合，連体詞「ある」を使用して当該の名詞句を談話内に導入し，その後の文脈でその名詞句について具体的な内容を述べている。連体詞「ある」を使用することによって「聞き手に注目させる」という談話的機能が生じるのは，連体詞「ある」が存在を表すことと関

係がある。連体詞「ある」を使用することによって表されるのは，当該の名詞句が存在することのみである。つまり，連体詞「ある」を使用しても情報量が少ないので，聞き手がさらなる情報を求めるために当該の名詞句に注目するようになるのである。

「一＋助数詞＋の」を使用することによって「聞き手に注目させる」という談話的機能が生じる場合，「一＋助数詞＋の」を使用して当該の名詞句を談話内に導入し，その後の文脈でその名詞句についての具体的な内容を述べている。「一＋助数詞＋の」を使用することによって「聞き手に注目させる」という談話的機能が生じるのは，単数という数量を述べることによって当該の名詞句に焦点を当てることができるからである。つまり，「一＋助数詞＋の」を使用することで当該の名詞句が1つしかないことが明示され，当該の名詞句が一つしかないので，その名詞句に聞き手は注目するようになるのである。

「こんな」を使用することによって「聞き手に注目させる」という談話的機能が生じるのは，当然のことであるが，「こんな」が指示詞だからである。「こんな」は指示詞なので，照応先が必ず必要となる。「こんな」が持つ指示詞としての性質を利用することによって，先に当該の名詞句を談話内に導入し，聞き手に注目させながらその後の文脈で具体的な内容を述べることが可能となる。つまり，「こんな」の場合，一種のストラテジーとして「聞き手に注目させる」という談話的機能を生じさせているのである。

## 5.2　3つの形式のその他の違い

同様の談話的機能を表す3つの形式には，4節で検討したこと以外にも違いがある。まず，どの位置に出現するかという点から確認する。

「こんな」や「一＋助数詞＋の」は述語の位置に生じることができるが，連体詞「ある」は述語の位置に生じることが難しい。

(31) そもそものきっかけは，前の年の12月，陸軍省から新潟の高田（現在の上越市）にあった第13師団司令部に舞い込んだ｛一通の／こんな／?? ある｝文書だった。その文書にはスウェー

デンの軍隊用のスキー2台と関係書籍3冊を送ることと，ま
たオーストリア武官のフォン・レルヒ少佐を指導のために行
かせるから，実験して首尾を報告せよ，という旨が書かれて
いた。（V字）

（31）はそもそものきっかけが文書であることを表している。先に文
書の存在を提示しておいて，後の文脈でその具体的な内容を述べている。
この場合，「一＋助数詞＋の」と「こんな」は使用することができるが，
連体詞「ある」は使用できない。

　同じように述語の位置に生じることができる「こんな」と「一＋助数詞
＋の」にも違いが存在する。「こんな」は焦点の位置にも生じることがで
きるが，「一＋助数詞＋の」は焦点の位置に生じることができない[8]。

　（32）「まあまあ，落ち着いて聞いて下さい。つまり，｛こういう／
　　　＊ひとつの｝ことです。さきほど申し上げた，患者全員の共
　　　通点といいますのは――“分別盛り”の年齢でありながら，
　　　これまで一度たりとも，ゴミの分別をしたことも，半透明の
　　　ゴミ袋を使ったこともない人間――という唯一点でして，そ
　　　れ以外には，医学的にも他の学問的見地からも，何等共通点
　　　はありませんでした。あなたの場合も，おそらく，ゴミの分
　　　別を――」（広場10）

　（33）僕が言いたいのは｛こういう／＊ひとつの｝ことです。僕は
　　　もうすぐ二十歳だし，僕とキズキが十六と十七の年に共有し
　　　たもののある部分は既に消滅しちゃったし，それはどのよう
　　　に嘆いたところで二度と戻ってはこないのだ，ということで
　　　す。（ノルウェイ）

　（32）は「つまり」が使用されたもの，（33）は分裂文が使用されたも
のである。（32）のように「つまり」が使用された場合，前の文の内容
のまとめや重要な情報が「つまり」の後の文脈で述べられ，文の焦点と
して機能する。また，（33）の分裂文の場合，「……のは……」という構
造を取って，述語の位置が焦点の位置となっている。いずれの場合も「こ

---

8　もちろん，連体詞「ある」も焦点の位置に生じることができない。

んな」は使用できるが，「一＋助数詞＋の」は使用できない。

　また，連体詞「ある」，「一＋助数詞＋の」，「こんな」のその他の違い
として，主題化することができるかどうかということが挙げられる。「こ
んな」は主題化することができるのに対して，連体詞「ある」と「一＋
助数詞＋の」は主題化することができない。

> (34)　{こんな／＊ひとつの／＊ある}　こと$\boxed{は}$すでにご存知でしょ
> 　　　うが，来年ドイツでW杯が開かれます。だから，来年は日本
> 　　　中がサッカー一色になるはずです。

> (35)　あなたの会社に{こんな／＊ひとりの／＊ある}人$\boxed{は}$いませ
> 　　　んか。いつも部下の悪口ばかり言い，上司の機嫌を取ろうと
> 　　　する人。そんな人には気を付けてくださいね。

（34）や（35）のように，主題化された位置では「こんな」のみが使
用可能となる。

　これまでの研究で，主題化は定の名詞句に限られることが指摘されて
きた。このことを３つの形式に当てはめると，「こんな」は不定の名詞
句を表すだけでなく，定の名詞句を表すこともできる。これに対して，
連体詞「ある」と「一＋助数詞＋の」は不定の名詞句を表すのみであり，
定の名詞句を表すことができないということになる。

　以上をまとめると，次のようになる。連体詞「ある」は述語の位置や
焦点の位置，主題化された位置に生じることはなく，補足語の位置にの
み生じる。「一＋助数詞＋の」は述語の位置に生じ得るが，焦点の位置
や主題化された位置に生じることはできない。「一＋助数詞＋の」が生
じるのは補足語と焦点ではない述語の位置だけである。これに対して，
「こんな」は述語の位置や焦点の位置，主題化された位置に生じること
ができ，どのような位置にでも自由に生じることができるという特徴が
ある。

## ５．３　限定詞の限定の強さと談話的機能の強さ

　「聞き手に注目させる」という談話的機能を生じさせる連体詞「ある」，
「一＋助数詞＋の」，「こんな」は４節で指摘した以外にも，出現する位置，

主題化の可否という2点で違いが生じた。これを限定の強さの違いが談話的機能の強さの違いになって現れると位置づける。つまり，意味的に最も強い限定を行う「こんな」は最も強い談話的機能が生じ，「一＋助数詞＋の」，連体詞「ある」と意味的な限定の強さが弱くなるにしたがって，談話的機能も弱くなることを主張する。

　「聞き手に注目させる」という同様の談話的機能を生じさせる3つの形式のうち，「こんな」は述語の位置や焦点の位置，主題化された位置など，どのような位置にでも生じることができる。「一＋助数詞＋の」は述語の位置に生じることができるが，焦点の位置や主題化された位置には生じない。連体詞「ある」は述語の位置や焦点の位置，主題化された位置には生じず，生じるのは補足語の位置だけであるという特徴があった。このことは「聞き手に注目させる」という談話的機能の強さと関係がある。「こんな」は「聞き手に注目させる」という談話的機能を最も強く持っているため，「聞き手に注目させる」という談話的機能と関連する焦点の位置や主題化された位置でも使用できる。これに対して，「こんな」よりも弱い談話的機能と考えられる「一＋助数詞＋の」や連体詞「ある」は「聞き手に注目させる」という談話的機能と関連する焦点の位置や主題化された疑問文の中では使用することができないのである。

## 6．まとめ

　本章では，限定詞の限定の強さと階層性という観点から分析を行った。まず，連体詞「ある」と「一＋助数詞＋の」の用法の中で，変項を表す用法と聞き手に注目させる用法では両方の形式が置き換えられることを指摘した。そして，変項を表す用法では，2つの形式の違いを限定詞の限定の強さという観点から分析した。

　次に，聞き手に注目させる用法では，連体詞「ある」と「一＋助数詞＋の」だけではなく，後方照応に使用される「こんな」も考察の対象として，同様の談話的機能を表す3つの限定詞の違いを考察した。その結果，3つの形式は名詞の制約，聞き手に注目させたい情報の位置，聞き

手に注目させたい情報の性質，という3点において違いが生じることを指摘した。また，それらの違いには，意味的に弱い限定を行うもの，強い限定を行うものという3つの形式の本来の限定のあり方の違いが反映されることを明らかにし，その違いと3つの形式が共起する際の語順を手がかりに，限定詞の階層性という概念を提示した。

　さらに，3つの形式が「聞き手に注目させる」という談話的機能を生じさせる理由と談話的機能の強さについても考察を行った。

　今後の課題としては，まず定を表す限定詞との関係を明確にすることが挙げられる。本章では不定を表す限定詞の性質の違いを階層性として提示したが，そこに「この＋Ｎ」などの定を表す限定詞を取り入れることができないかを，今後，検討する必要がある。

　また，限定詞の階層性という概念とテクストの階層構造とのつながりも考察しなければならない。

## 現在の視点から

　本章では，連体詞「ある」，「一＋助数詞＋の」，後方共起に使用される「こんな」について，限定詞の階層性という概念を提示した。現在の視点からは，第5章，第6章と同様，コーパスを使った実態調査が可能である。例えば，中納言 2.2.2.2 を用いて『現代日本語書き言葉均衡コーパス』（BCCWJ）を調査してみると，「ある＋一つの」[9] は 106 件見つかったのに対して，「一つの＋ある」[10] は 1 件しか見つからなかった。つまり，「ある」と「一つの」が共起する際には，圧倒的に「ある一つの」が多く，本章で主張した「存在」に関する限定が外側（名詞から遠い位置），「数量」に関する限定が内側（名詞に近い位置）という位置づけになる。

　本章ではアンケート調査で語順を調査したが，現在の視点ではコーパスによってそれが証明されることになる。ただし，本章では「ある＋一

---

9　長単位検索を用いて，キーに「語彙素「或る」＋品詞「連体詞」」，後方共起1語に「語彙素「一つ」」，後方共起2語に「語彙素「の」」で検索を行った。
10　長単位検索を用いて，キーに「語彙素「一つ」」，後方共起1語に「語彙素「の」」，後方共起2語に「語彙素「或る」＋品詞「連体詞」」で検索を行った。

＋助数詞＋の＋こんな」という語順を想定したが，実際にはこのような
用例は見つからなかった。それが偶然出現しなかったのか，それとも本
章で想定したものが誤りだったのかは不明である。今後，引き続き検討
を行いたい。

# 第8章　結語

## 1．本研究のまとめ

　現代日本語には英語，フランス語，スペイン語などのような名詞に関わる統語要素としての冠詞は存在しない。しかし，統語要素としての冠詞が存在しないことが冠詞が果たす役割までも存在しないことを意味するわけではない。

　このような問題意識を念頭に置きながら，本研究では，現代日本語における名詞の指示，および限定に関する研究を行った。具体的には，「特定／不特定」，「定／不定」という名詞の指示に関する概念を援用して，不定を表す限定詞の意味や機能を考察した。

　本研究は3つの柱とでも呼ぶべき部分で構成されていた。1つ目は名詞の指示に関する概念を援用しながら考察した部分，2つ目は不定を表す限定詞の意味・機能を取り上げた部分，3つ目は2つ目までの内容を発展させて，限定詞の階層性を提示した部分である。

　まず，1つ目の柱となる部分では，「特定／不特定」，「定／不定」という名詞の指示に関する概念を援用しながら，コ系の指示詞による後方照応，「ある＋N」と不定名詞の対立という問題に関して考察を行った。第3章では，コ系の指示詞による後方照応を取り上げ，これまでの研究ではあまり触れられることのなかった談話的機能という観点から分析を進めた。コ系の指示詞による後方照応には「聞き手に注目させる」という談話的機能が存在すること，コ系の指示詞は「聞き手に注目させる」という談話的機能を明示的なものにするために使用されること，コ系の指示詞による後方照応の成立条件を明らかにした。また，後方照応先の情報の性質と主題化との関係を分析し，主題化されていない後方照応は新情報を伝えるために使用されるのに対して，主題化された後方照応は情報の重要性を伝えるために使用されるという違いがあることを主張した。

　第4章では，基本的には特定性で対立を構成している「ある＋N」と

不定名詞を考察の対象とした。「ある＋Ｎ」と不定名詞は基本的には特定性で対立しているものの，「ある＋Ｎ」が特定のものを表すことが解消される場合があることを指摘し，その場合の事態は未実現で，名詞句は具体的な人物・もの・こと・場所・時が定まっていないという特徴があることを提示した。また，「ある＋Ｎ」が特定のものを表すことが解消される場合に，事態の現実性という概念が有効であり，「ある＋Ｎ」が使用されたものは当該の事態がより現実的で，不定名詞が使用されたものは当該の事態が非現実的であるという主張を行った。さらに，モダリティ表現にも事態の現実性という観点は有効であり，意志を表す表現には話し手が当該の事態の生起を想定している現実的なものと，そのような想定がない非現実的なものがあることを主張した。しかし，願望・命令などの表現では，話し手が当該の事態の生起を想定した現実的なものは存在せず，非現実的なものしか存在しないことも確認した。

　次に，２つ目の柱として，不定を表す限定詞の意味や機能を取り上げた。第５章では，連体詞「ある」の用法記述を行い，各用法間のつながりを意味や機能を考慮に入れながら考察した。連体詞「ある」には聞き手に注目させる用法，聞き手に配慮する用法，事態の現実性を表す用法，構文的な用法，変項を表す用法という５つの用法があることを指摘した。また，それぞれの用法間には，特定の指示対象を表すかどうか，付加形式になり得るかどうか，といった違いがあることを指摘し，「ある＋Ｎ」が特定の指示対象を表す場合は聞き手に注目させる用法と聞き手に配慮する用法があること，特定の指示対象を表すとは言えない場合は変項を表す用法が基本にあり，構文的な用法と事態の現実性を表す用法がそこから派生すると位置づけた。

　第６章では，不定を表す「一＋助数詞＋の」の独自性を「一＋助数詞＋の」の意味や機能を考慮に入れながら分析した。まず，「数量詞＋Ｎ」が生じやすい場合と生じにくい場合があることを指摘し，なぜ許容度に違いがあるのかを考察した。「数量詞＋Ｎ」は補足語の位置では使用しやすく，述語の位置では使用しにくいことと補足語の位置に使用される場合の名詞句の特徴を指摘した。次に，補足語の位置に生じる「一＋助

数詞＋の」の独自性を探った。補足語の位置に生じる「一＋助数詞＋の」には連体詞「ある」などの他形式に置き換えられるものがあること，他形式に置き換えられるもののには変項用法と聞き手に注目させる用法があることを指摘した。数量詞用法と変項用法，聞き手に注目させる用法の関連についても考察を進め，「一＋助数詞＋の＋Ｎ」が特定の指示対象を表すかどうか，付加形式になり得るかどうかという観点で分析を行い，数量詞用法と変項用法は必須形式という点でつながりを持つこと，数量詞用法と聞き手に注目させる用法は特定の指示対象を表すという点でつながりを持つことを明らかにした。さらに，述語の位置に生じる「一＋助数詞＋の」の独自性についても考察を加えた。述語の位置に生じる「一＋助数詞＋の」には名詞に後置できるという特徴があり，対比的な用法と累加的な用法があることを指摘した。数量詞用法と対比的な用法，累加的な用法との関連についても考察を進め，「対比」という概念で数量詞用法から対比的な用法へと派生すること，「部分明示」という概念で対比的な用法から累加的な用法へと派生し，その際に談話的機能が生じることを主張した。

　最後に，第７章では，本研究の３つ目の柱として，語順を手がかりにしながら不定を表す限定詞の限定の強さ，および階層性についても分析を進めた。第５章と第６章で考察した連体詞「ある」と「一＋助数詞＋の」にはそれぞれが置き換えられる用法が存在した。その中の変項を表す用法を取り上げ，語順を手がかりにしてその違いを限定詞の限定の強さという視点から分析した。また，聞き手に注目させる用法では，連体詞「ある」と「一＋助数詞＋の」だけでなく，後方照応に使用される「こんな」も考察の対象に加え，名詞の制約，聞き手に注目させる情報の位置，聞き手に注目させる情報の内容の違いから，３つの限定詞が階層的に捉えられることを主張した。さらに，限定詞の限定の強さと「聞き手に注目させる」という談話的機能の強さとの関係についても言及した。

　本研究のような枠組みを設けることによって，冠詞がない日本語でも名詞に関する研究が可能となる。そして，これまでほとんど等閑視されてきた分野に関して新たな観点から分析を行うことができ，新たな研究

分野を開拓する道が開ける。

## ２．今後の課題

　最後に今後の課題についてまとめておく。

　今後の課題としては，名詞の指示に関する（言語学的な）先行研究との兼ね合いという点が第一に考えられる。本研究はなるべく数多くの言語現象を提示し，これまであまり考察されることのなかった形式を中心に分析を行った。今後は単に言語現象を記述していくだけでなく，それらを理論的にどのように位置づけるのかという点についても考察を進め，理論面での貢献も行わなければならない。

　本研究では不定を表す限定詞を取り上げたが，定を表す限定詞との関係も視野に入れなければならない。これまでの研究では，定を表す限定詞と考えられる指示詞の研究が盛んに行われてきた。今後は不定を表す限定詞だけでなく，定を表す指示詞との関係も考察しなければならない。

　限定詞の階層性という概念をさらに明示化することも今後の課題の１つである。第５章と第６章で連体詞「ある」と「一＋助数詞＋の」の用法を記述し，変項を表す用法と聞き手に注目させる用法では互いに置き換えられることを主張した。今後は連体詞「ある」と「一＋助数詞＋の」にはどのような違いがあるのかを，特に，変項を表す用法で考察しなければならない。

　また，本研究で取り上げた不定を表す限定詞と裸名詞との関係についても考察を行う必要がある。裸名詞は分析の手がかりとなる限定表現がないため，分析の方法も最も難しいことが予想される。今後は裸名詞との対応関係ということも考えながら分析を進めなければならない。

　さらに，不定を表す限定詞のいずれもが話し言葉と書き言葉の両方で使えるのかといった文体差の問題も考慮しなければならない。このことは，言い換えると，書き言葉の独自性や話し言葉の独自性を慎重に見極めながら研究を進める必要があるということに他ならない。

　本研究は主に，現代日本語を中心に分析を行った。今後は他言語での状況も視野に入れて研究を進める必要がある。それにあわせて，論証の

方法や議論の進め方などについても検討を加えなければならない。

　最後に，さらにきめ細かな現象記述が今後も必要となることを付け加えておく。

# 参考文献

赤塚紀子・坪本篤朗（1998）『モダリティと発話行為』研究社出版

秋山登志之（1995）『英語冠詞のミステリー』南雲堂

有田節子（1993）「日本語条件文研究の変遷」益岡隆志編『日本語の条件表現』くろしお出版 . pp.225-278

有田節子（1999）「プロトタイプから見た日本語の条件文」『言語研究』115. pp.77-108

飯田朝子（1998）「日本語『ひとつ』『ふたつ』等の表現における"一つ"の意味と用法―主要助数詞『個』『本』との比較を中心に―」『TULIP』（東京大学大学院人文社会系研究科言語学論集）17. pp.133-169

庵 功雄（1994）「定性に関する一考察―定情報という概念について―」『現代日本語研究』1 大阪大学 . pp.40-56

庵 功雄（1996）「指示と代用―文脈指示における指示表現の機能の違い―」『現代日本語研究』3 大阪大学 . pp.73-91

庵 功雄（1994）「日本語のテキストの結束性の研究」平成9年度大阪大学博士学位取得論文（文学）（未公刊）

庵 功雄（2003）「見えない冠詞」『言語』32-10 大修館書店 . pp.36-43

池内正幸（1985）『名詞句の限定表現』大修館書店

石田秀雄（2002）『わかりやすい英語冠詞講義』大修館書店

一川周史（1996）『新・冠詞抜きでフランス語はわからない』駿河台出版社

江口 巧（2000）「日本語の後置文―情報提示の方略―」『言語文化論究』12 九州大学 . pp.81-93

大橋保夫他（1993）『フランス語とはどういう言語化』駿河台出版社

岡部 寛（1994）「「こんな」類と「こういう」類」『現代日本語研究』1 大阪大学文学部日本学科現代日本語講座 . pp.57-74

岡部 寛（1995）「コンナ類とコウイウ類―ものの属性を表す指示詞―」宮島達夫・仁田義雄編『日本語類義表現の文法（下）複文・連文編』

くろしお出版 . pp.638-644

織田　稔（1982）『存在の様態と確認―英語冠詞の研究』風間書房

織田　稔（2002）『英語冠詞の世界』研究社

尾上圭介（1983）「不定語の語性と用法」渡辺実編『副用語の研究』明治書院 . pp.404-431

尾上圭介（2000）『文法と意味Ⅰ』くろしお出版

金口儀明（1970）『英語冠詞活用辞典』大修館書店

神尾昭雄・高見健一（1998）『談話と情報構造』研究社出版

川上恭子(1991)「「何か」の不定対象と文形式」『園田語文』園田女子大学 . pp.101-121

木村英樹（1983）「「こんな」と「この」の文脈照応について」『日本語学』2-11 明治書院 . pp.71-83

金水　敏（1986a）「名詞の指示について」『築島裕博士還暦記念　国語学論集』明治書院 . pp.467-490

金水　敏（1986b）「連体修飾成分の機能」『松村明教授古稀記念　国語研究論集』明治書院 . pp.602-624

金水　敏・今仁生美（1999）『現代言語学入門 4　意味と文脈』岩波書店

金水　敏・田窪行則（1992a）「談話管理理論からみた日本語の指示詞」『日本語研究資料集 指示詞』ひつじ書房 . pp.123-149

金水　敏・田窪行則（1992b）「日本語指示詞研究史から／へ」『日本語研究資料集 指示詞』ひつじ書房 . pp.151-192

金水　敏・田窪行則編（1992c）『日本語研究資料集 指示詞』ひつじ書房

工藤　進（2003a）「松原秀治の冠詞論」『言語』32-10 大修館書店 . p.57

工藤　進（2003b）「冠詞をさかのぼる」『言語』32-10 大修館書店 . pp.74-80

久野　暲（1973）『日本文法研究』大修館書店

久野　暲（1978）『談話の文法』大修館書店

久野　暲（1983）『新日本文法研究』大修館書店

久野　暲・高見健一（2004）『謎解きの英文法 冠詞と名詞』くろしお出版

郡司隆男・阿部泰明・白井賢一郎・坂原　茂・松本裕治（1998）『言語の
　　科学 4 意味』岩波書店

近藤泰弘（2000）『日本語記述文法の理論』ひつじ書房

坂原　茂（2000）「英語と日本語の名詞句限定表現の対応関係」坂原茂編
　　『認知言語学の発展』ひつじ書房 . pp.213-249

佐久間まゆみ(2002)「接続詞・指示詞と文連鎖」仁田義雄・益岡隆志編『日
　　本語の文法 4 複文と談話』岩波書店 . pp.117-189

篠原俊吾（1993）「可算・不可算の分類基準」『言語』22-10. 大修館書
　　店

正保　勇（1981）「「コソア」の体系」『日本語の指示詞』日本語教育指導
　　参考書 8 国立国語研究所 . pp.51-122

白井賢一郎（1985）『形式意味論入門』産業図書

杉本孝司（1998）『意味論 1―形式意味論―』くろしお出版

杉本孝司（1998）『意味論 2―認知意味論―』くろしお出版

鈴木寛次（2003）「歴史的に見る英語の冠詞」『言語』32-10 大修館書店 .
　　pp.68-73

高見健一（1995）『機能的構文論による日英語比較―受身文，後置文の
　　分析―』くろしお出版

高見健一（1997）『機能的統語論』くろしお出版

高見健一（2001）『日英語の機能的構文分析』鳳書房

田窪行則（1993）「談話管理理論による日本語の反事実条件文」益岡隆
　　志編『日本語の条件表現』くろしお出版 . pp.169-183

田窪行則（2000）「談話における名詞の使用」仁田義雄・益岡隆志編『日
　　本語の文法 4 複文と談話』岩波書店 . pp.191-216

田窪行則　西山佑可・三藤　博・亀山　恵・片桐恭弘（1999）『言語の科
　　学 7 談話と文脈』岩波書店

建石　始（2001）「不定指示を行うマーカーについて」『さわらび』10 号
　　神戸市外国語大学外国語学部益岡隆志研究室内文法研究会 . pp.41-
　　51

建石　始（2002）「連体詞「ある」による指示と限定」『さわらび』11 号

神戸市外国語大学外国語学部益岡隆志研究室内文法研究会 . pp.9-18

建石　始（2003）「名詞の特定性と事態の現実性」『Kansai Linguistic Society』23 関西言語学会 . pp.139-149

建石　始（2005）「談話的機能の観点から見た後方照応」『日本語教育』124 号 日本語教育学会 . pp.33-42

田中　望（1981）「『コソア』をめぐる諸問題」『日本語の指示詞』日本語教育指導書 8 国立国語研究所 . pp.1-50

堤　良一（2002）「文脈指示における指示詞の使い分けについて」『言語研究』122. pp.45-77

寺村秀夫（1982）『日本語のシンタクスと意味 I 』くろしお出版

寺村秀夫（1984）『日本語のシンタクスと意味 II 』くろしお出版

寺村秀夫（1991）『日本語のシンタクスと意味 III 』くろしお出版

東郷雄二（2000）「談話モデルと日本語の指示詞コ・ソ・ア」『総合人間学部紀要』7 京都大学総合人間学部 . pp.27-46

東郷雄二（2002）「不定名詞句の指示と談話モデル」『談話処理における照応過程の研究』科学研究費補助金研究成果報告書（研究代表者：東郷雄二）. pp.1-35

西光義弘編（1997）『日英語対照による英語学概論―増補版―』くろしお出版

西山佑司（1988）「指示的名詞句と非指示的名詞句」『慶応義塾大学言語文化研究所紀要』20 慶應義塾大学 . pp.113-134

西山佑司（2003）『日本語名詞句の意味論と語用論』ひつじ書房

仁田義雄（1991）『日本語のモダリティと人称』ひつじ書房

仁田義雄（2000）「認識のモダリティとその周辺」仁田義雄・益岡隆志編『日本語の文法 3 モダリティ』岩波書店 . pp.79-159

仁田義雄・益岡隆志編（2000）『日本語の文法 4 複文と談話』岩波書店

野田尚史（2000）「単文・複文とテキスト」仁田義雄・益岡隆志編『日本語の文法 4 複文と談話』岩波書店 . pp.1-62

蓮沼昭子（1993）「「たら」と「と」の事実的用法をめぐって」益岡隆志編『日本語の条件表現』くろしお出版 . pp.73-97

馬場俊臣（1992a）「指示語の文脈展開機能」『日本語学』11-4. pp.33-40

馬場俊臣（1992b）「指示語—後方照応の類型について—」『表現研究』55. pp.20-27

樋口昌幸（2003）『例解英語冠詞事典』大修館書店

細谷行輝（2003）「関口存男の冠詞論」『言語』32-10 大修館書店 . p.66-67

工藤　進（2003）「冠詞をさかのぼる」『言語』32-10 大修館書店 . pp.74-80

堀口和吉（1978）「指示語の表現性」『日本語・日本文化』8 大阪外国語大学 . pp.23-44

マーク・ピーターセン（1988）『日本人の英語』岩波新書

マーク・ピーターセン（1990）『続・日本人の英語』岩波新書

前田直子（1991a）「『論理文』の体系性—条件文・理由文・逆条件文をめぐって—」『日本学報』10 大阪大学 . pp.29-43

前田直子（1991b）「条件文分類の一考察」『日本語学科年報』13 東京外国語大学 . pp.55-80

前田直子（1995）「バ，ト，ナラ，タラ—仮定条件を表す形式—」宮島達夫・仁田義雄編『日本語類義表現の文法（下）』くろしお出版 . pp.483-495

益岡隆志（1991）『モダリティの文法』くろしお出版

益岡隆志（1997）『複文』くろしお出版

益岡隆志（2000）『日本語文法の諸相』くろしお出版

益岡隆志（2002）「複文各論」仁田義雄・益岡隆志編『日本語の文法 4 複文と談話』

岩波書店 . pp.63-116

益岡隆志・田窪行則（1992）『基礎日本語文法—改訂版—』くろしお出版

益岡隆志・仁田義雄・郡司隆男・金水　敏（1997）『言語の科学 5　文法』岩波書店

松原秀治（1978）『フランス語の冠詞』白水社

松本哲也（1999a）「連体詞「ある」の統語的位置」『日本語と日本文学』

29 筑波大学 . pp.31-43

松本哲也（1999b）「不定を表す連体詞「ある」「某」について」『函館国文』15 北海道教育大学函館校 . pp.40-46

水谷静夫（1984）「国語表現での否定・量化に関はる考察—文意記述の為に—」『計量国語学』14-6. pp.253-264

水野マリ子（1993）「否定対極のメカニズム—「魚一匹いない」と「一匹の魚もいない」—」『神戸大学留学生センター紀要』1. pp.39-45

宮崎和人・安達太郎・野田春美・高梨信乃（2002）『モダリティ』くろしお出版

森川結花（1991）「不定表現について—『なにか』を中心に—」『日本語・日本文化』17 大阪外国語大学 . pp.145-160

森山卓郎（2000）「基本叙法と選択関係としてのモダリティ」仁田義雄・益岡隆志編『日本語の文法 3 モダリティ』岩波書店 . pp.1-78

森重　敏（1971）『日本文法の諸問題』笠間書院

森田良行（1989）『基礎日本語辞典』角川書店

矢澤真人（2000）「副詞的修飾の諸相」仁田義雄・益岡隆志編『日本語の文法 1 文の骨格』岩波書店 . pp.187-233

山本秀樹（2003）「言語にとって冠詞とは何か」『言語』32-10 大修館書店 . pp.28-35

吉田光演（2003）「冠詞の意味論」『言語』32-10 大修館書店 . pp.58-65

吉本　啓（1992）「日本語の指示詞コソアの体系」『日本語研究資料集 指示詞』ひつじ書房 . pp.105-122

李　長波（2002）『日本語指示体系の歴史』京都大学学術出版会

渡辺　明（2003）「冠詞の統語的役割—主部内在関係節との関係—」『言語』32-10 大修館書店 . pp.50-56

Akatsuka, Noriko（1985）"Conditionals and epistemic scale", Language,61. pp.625-639

Carlson, Gregory N.（1977a）"A unified analysis of the English bare plural" Linguistics and Philosophy 1

Carlson, Gregory N.（1977b）Reference to Kinds in English

Donnellan, Keith S.（1966）"Reference and Definite Descriptions," Philosophical Review 75: 271-304

Diesing, Molly（1992）Indefinites. Cambridge, Mass.: MIT press

Fauconnier, Gilles（1985）Mental Spaces, Cambridge, Mass.: MIT Press（坂原 茂・水光雅則・田窪行則・三藤 博共訳（1987）『メンタル・スペース―自然言語理解の認知インターフェイス―』東京：白水社）

Fauconnier, Gilles（1997）Mappings in Thought and Language, Cambridge: Cambridge University Press（坂原 茂・田窪行則・三藤 博共訳（2000）『思考と言語におけるマッピング』東京：岩波書店）

Givon, T.（1981）"On the Development of the Numeral 'One' as an Indefinite Marker", Folia Linguistica 2-1 pp.35-53

Halliday, M. A. K. & Hasan, R.（1976）Cohesion in English. London: Longman（安藤貞雄・多田保行・永田龍男・中川 憲・高口圭轉共訳（1997）『テクストはどのように構成されるか』東京：ひつじ書房）

Heim, Irene（1982）The Semantics of Definite and Indefinite Noun Phrases, Ph.D. dissertation, University of Massachusetts, Amherst

Ioup, Georgette（1977）"Specificity and the Interpretation of Quantifiers" Linguistics and Philosophy 1 pp.233-245

Palmer, F. R.（2001）Mood and Modality. second edition Cambridge University Press.

# 例文出典

阿刀田高編『ショートショートの広場10』講談社文庫（広場10）

阿刀田高編『ショートショートの広場13』講談社文庫（広場13）

阿刀田高編『ショートショートの広場14』講談社文庫（広場14）

五木寛之『ハオハオ！』角川文庫（ハオハオ）

遠藤周作『海と毒薬』新潮文庫（毒薬）

小野 学『なぜV字で飛ぶか』小学館文庫（V字）

黒田福美『ソウル マイデイズ』講談社文庫（ソウル）

さくらももこ『憧れの魔法使い』新潮文庫（憧れ）

重松 清『日曜日の夕刊』新潮文庫（夕刊）

星 新一『エヌ氏の遊園地』講談社文庫（遊園地）

星 新一『だれかさんの悪夢』新潮文庫（悪夢）

星 新一編『ショートショートの広場1』講談社文庫（広場1）

星 新一編『ショートショートの広場2』講談社文庫（広場2）

星 新一編『ショートショートの広場3』講談社文庫（広場3）

星 新一編『ショートショートの広場4』講談社文庫（広場4）

星 新一編『ショートショートの広場5』講談社文庫（広場5）

村上春樹『神の子どもたちはみな踊る』新潮文庫（踊る）

村上春樹『カンガルー日和』講談社文庫（カンガルー）

村上春樹『ダンス・ダンス・ダンス』講談社文庫（ダンス）

村上春樹『ノルウェイの森』講談社文庫（ノルウェイ）

村上春樹『パン屋再襲撃』文春文庫（パン屋）

村上春樹・安西水丸『村上朝日堂の逆襲』新潮文庫（逆襲）

村上春樹・安西水丸『村上朝日堂 はいほー』新潮文庫（はいほー）

村上春樹・安西水丸『村上朝日堂はいかにして鍛えられたか』新潮文庫
　　（いかにして）

森岡 浩『名字の謎 その成り立ちから日本がわかる！』新潮OH！文庫
　　（名字）

例文出典

吉本ばなな『うたかた／サンクチュアリ』（うたかた）
吉本ばなな『キッチン』新潮文庫（キッチン）
吉本ばなな『とかげ』新潮文庫（とかげ）

# あとがき

　「まえがき」でも述べましたが，本書は 2005 年 3 月に神戸市外国語大学大学院外国語学研究科に提出した博士論文「日本語の限定詞の機能」がもとになっています。

　本書をまとめるにあたり，多くの方々から貴重なご意見，ご指導をいただきました。ここに記して感謝の意を表したいと思います。

　指導教官である益岡隆志先生には，大阪外国語大学の 4 年生の時に初めて研究会に参加させていただき，修士課程，博士課程在籍時，そして博士課程修了後という長きにわたり，ゼミや研究会の場で数多くのご意見，ご教示を賜りました。初めてお会いした時から 20 年以上が経過しましたが，ご面倒をおかけし続けていることを恐縮するとともに，いつも優しく，暖かく見守り続け，励ましていただいたことに心より感謝申し上げます。

　また，神戸市外国語大学の中井幸比古先生，福田嘉一郎先生，山口治彦先生，国立国語研究所（当時は大阪府立大学にご在職）の野田尚史先生には，博士論文の最終試験の際に貴重なご意見，ご指摘をいただきました。

　さらに，筆者が博士課程修了後に非常勤講師として勤務していた大学の先生方にも非常にお世話になりました。福井大学の高山善行先生，神戸学院大学の野田春美先生，武庫川女子大学（当時は大手前大学にご在職）の木下りか先生には，各章の着想段階から議論に付き合っていただき，有益なコメントをいただきました。

　筆者と同じ益岡ゼミの諸氏にも感謝を申し上げます。有田可奈子さん，岡村裕美さん，坂元岳彦さん，田中綾乃さん，村上由美子さんには筆者の拙い発表を熱心に聞いていただきました。また，博士課程在籍中，ならびに修了後に筆者に発表の場を与えてくださった研究会「とあることばの会」の諸氏と活発な議論ができたことは本研究の糧となりました。特に，岩男考哲さん，岩田一成さん，川嶋信恵さん，坂本智香さん，眞

野美穂さん，米澤優さんとは同じ時期に博士論文を書いていたこともあり，非常に刺激を受けながら研究を続けることができました。

　九州工業大学の高木一広先生には，筆者を研究の世界に導いていただくなど，長年にわたりご厚意を賜りました。また，筆者の大学院時代の先輩である専修大学の丸山岳彦さんには，研究の進め方から論文の書き方まで，さまざまな形でご意見をいただきました。心より感謝の意を申し上げます。

　今回の企画の監修者である大阪府立大学の張麟声先生は博士論文執筆後，その後の研究の方向性に悩んでいて，なかなか研究が進まなかった時もずっと声をかけて励ましていただきました。このような機会を与えていただいたこととともに感謝いたします。

　さらに，本書の出版を快諾してくださった日中言語文化出版社の関谷一雄社長，および編集の労をとってくださった森田雪乃さんにも心よりお礼を申し上げます。

　筆者の技量不足もあり，大勢の方からいただいた貴重なご意見，ご教示を活かしきれなかった部分もあると思います。本研究の内容に不備や誤りがあるのは筆者一人の責任であることは言うまでもありません。

　最後にいつも筆者のことを暖かく見守りながら常に支えてくれた妻ひとみ，研究や仕事のストレスを癒してくれる長男隼，長女ゆかりにも感謝の気持ちを表します。本当にありがとうございました。

2017 年 12 月

建石　始

## 日本語の限定詞の機能

2017 年 12 月 25 日　初版第 1 刷発行

著　者　　建　石　　　始
発行者　　関　谷　一　雄
発行所　　日中言語文化出版社
　　　　　〒531-0074　大阪市北区本庄東2丁目13番21号
　　　　　ＴＥＬ　０６（６４８５）２４０６
　　　　　ＦＡＸ　０６（６３７１）２３０３
印刷所　　有限会社 扶桑印刷社

©2017 by Tateishi Hajime, Printed in Japan
ISBN978 － 4 － 905013 － 95 － 2